Martin Liepach

Besser in
Mathematik

Gymnasium

Mit 20 S. Lösungsheft

7. Klasse

Der Autor: Martin Liepach unterrichtet Mathematik an einem Gymnasium.

www.cornelsen.de

Bibliografische Information:
Die Deutsche Bibliothek verzeichnet diese Publikation in der Deutschen Nationalbibliografie; detaillierte bibliografische Daten sind im Internet über http://dnb.ddb.de abrufbar.

Dieser Band folgt den Regeln der deutschen Rechtschreibung, die seit August 2006 gelten.

2. Auflage 2010
© 2010 Cornelsen Verlag Scriptor GmbH & Co. KG, Berlin
Das Werk und seine Teile sind urheberrechtlich geschützt. Jede Nutzung in anderen als den gesetzlich zugelassenen Fällen bedarf deshalb der vorherigen schriftlichen Einwilligung des Verlags.
Hinweis zu den §§ 46, 52a UrhG: Weder das Werk noch seine Teile dürfen ohne eine solche Einwilligung eingescannt und in ein Netzwerk eingestellt oder sonst öffentlich zugänglich gemacht werden.
Dies gilt auch für Intranets von Schulen und sonstigen Bildungseinrichtungen.
Projektleitung: Stefan Giertzsch, Berlin
Redaktion: Walter Greulich (WGV), Weinheim
Reihengestaltung: tiff.any GmbH, Berlin
Satz und Layout: Dagmar & Torsten Lemme, Berlin
Illustrationen: Böcking-Gestaltung, Bochum
Umschlagentwurf: Patricia Müller, Berlin
Druck und Bindearbeiten: orthdruk, Bialystok, Polen
Printed in Poland
ISBN 978-3-589-22664-1

 Gedruckt auf säurefreiem Papier,
umweltschonend hergestellt aus chlorfrei gebleichten Faserstoffen.

INHALT

Vorwort		5
1	**Zuordnungen**	6
	1.1 Zuordnungen	6
	1.2 Proportionale Zuordnungen	8
	1.3 Antiproportionale Zuordnungen	12
	1.4 Dreisatzrechnen mit proportionalen Zuordnungen	15
	1.5 Dreisatzrechnen mit antiproportionalen Zuordnungen	17
	1.6 Produktgleichheit und Quotientengleichheit	20
	Test Kapitel 1	23
2	**Zinsrechnung**	24
	2.1 Monats- und Tageszinsen	24
	2.2 Prozentuale Änderung	27
	Test Kapitel 2	29
3	**Rationale Zahlen**	30
	3.1 Anordnung rationaler Zahlen	30
	3.2 Betrag rationaler Zahlen	32
	3.3 Addition und Subtraktion rationaler Zahlen	34
	3.4 Multiplikation und Division mit rationalen Zahlen	39
	3.5 Rechenausdrücke mit rationalen Zahlen	43
	Test Kapitel 3	45
4	**Geometrie**	46
	4.1 Winkelbetrachtungen an Figuren	46
	4.2 Kongruenz u. Kongruenzsätze	52
	4.3 Konstruktion von Vierecken	62
	4.4 Besondere Punkte und Linien im Dreieck	64
	4.4.1 Umkreis – Konstruktion der Mittelsenkrechten	66
	4.4.2 Inkreis – Konstruktion der Winkelhalbierenden	67
	4.4.3 Schwerpunkt – Konstruktion der Seitenhalbierende	68
	4.4.4 Höhen im Dreieck	69
	Test Kapitel 4	71
5	**Kreis**	72
	5.1 Kreis und Gerade	72
	5.2 Thaleskreis	74
	5.3 Berechnungen am Kreis	76
	Test Kapitel 5	81

INHALT

6 Statistik/Wahrscheinlichkeitsrechnung 82

   6.1   Darstellung von Statistiken 82

   6.2   Auswertung von Statistiken 84

   6.3   Skalen 87

   6.4   Zufallsversuche und Wahrscheinlichkeit 88

   6.5   Baumdiagramme und Pfadregeln 91

   6.6   Geschicktes Abzählen und Rechnen 94

   Test Kapitel 6 97

7 Ganzrationale Terme – lineare Gleichungen 98

   7.1   Term und Zahl 98

   7.2   Umformen von Termen 100

   7.3   Lösen von linearen Gleichungen 102

       7.3.1   Lösen von einfachen Gleichungen 102

       7.3.2   Lösen von Gleichungen mit Klammerausdrücken 104

       7.3.3   Anzahl der Lösungen von linearen Gleichungen 106

       7.3.4   Anwendungsaufgaben 107

   Test Kapitel 7 109

Stichwortverzeichnis 110

Verzeichnis der Abkürzungen 112

VORWORT

Liebe Schülerin, lieber Schüler,

dieser Band der Reihe Besser in Mathematik hilft dir, deine Kenntnisse im Fach Mathematik zu verbessern. Du kannst gezielt Stoff nachholen und wiederholen, um sicherer zu werden!
Zu allen Bereichen des Mathematikunterrichts sind kleine Aufgaben angeboten, mit denen du selbstständig arbeiten kannst.
Die Schwerpunkte sind:

▷ Definitionen und Regeln kennen und anwenden,
▷ Aufgaben strukturieren und strategisch bearbeiten,
▷ Diagramme und Formeln erstellen und interpretieren,
▷ Zusammenhänge begründen und überprüfen.

Die Texte und die Aufgaben in diesem Buch sind so ausgewählt und zusammengestellt, dass dir die Bearbeitung möglichst leichtfällt.

Tipps

▶ Lege dir ein **eigenes Arbeitsheft** zu, in das du schreibst.
▶ Bist du dir beim Lösen der Übungsaufgaben nicht ganz sicher, sieh dir die Beispiele noch einmal genau an.
▶ Vergleiche deine Ergebnisse mit dem Lösungsheft.
  Überprüfe bei Fehlern immer genau, was du falsch gemacht hast. Verbessere Fehler.
▶ Am Ende eines jeden Kapitels kannst du in einem kleinen Test überprüfen, ob du den Stoff nun beherrschst. Wenn nicht, bearbeite die entsprechenden Aufgaben in einigen Tagen noch einmal.

Viel Spaß und Erfolg beim Lernen!

1 ZUORDNUNGEN

1.1 Zuordnungen

Was du schon können musst:

Zuordnungen lassen sich in verschiedenen Formen darstellen. Du solltest wissen, wie man Punkte in ein Koordinatensystem einträgt.

Darum geht es

Nicht nur in der Mathematik, sondern auch im alltäglichen Leben spielen Größen eine wichtige Rolle. Die Beziehung zwischen zwei Größen kann man als Zuordnung beschreiben. Kosten in einer Eisdiele 5 Kugeln Eis 4,00 €, so kann man diese Beziehung als Zuordnung zwischen der Anzahl der Kugeln und dem Preis beschreiben.

Darstellungen von Zuordnungen

Zuordnungen können a) durch einen Text beschrieben oder durch b) Tabellen, c) Diagramme, d) Pfeile oder e) Graphen dargestellt werden.

Darstellung von Zuordnungen

a) Darstellung als Text

„In einer Eisdiele kosten 5 Kugeln Eis 4,00 €". Die Zuordnung „Anzahl der Eiskugeln" → „Preis in €" wird durch den Text beschrieben.

b) Darstellung einer Zuordnung durch eine Tabelle

Briefporto für einen Maxibrief innerhalb Europas: Die Zuordnung „Gewicht" → „Preis in €" wird durch eine Tabelle beschrieben.

Gewicht	Preis in €
bis 50 g	1,60
über 50 g bis 100 g	2,50
über 100 g bis 250 g	4,00
über 250 g bis 500 g	6,00
über 500 g bis 750 g	8,00
über 750 g bis 1 000 g	10,00

ZUORDNUNGEN

c) **Darstellung einer Zuordnung durch ein Diagramm**
Verteilung Jungen und Mädchen in der Klasse 7e (13 Jungen und 17 Mädchen): Die Zuordnung „Geschlecht" → „Anzahl der Schüler" wird durch ein Diagramm beschrieben.

d) **Darstellung einer Zuordnung durch Pfeile**
Ergebnisse in der letzten Mathematikarbeit: Die Zuordnung „Schüler/in" → „Note der Schüler/in" wird durch ein Pfeildiagramm beschrieben.

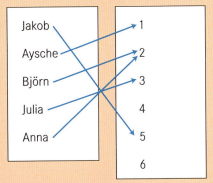

e) **Darstellung einer Zuordnung durch einen Graphen**
Die Zuordnung „Datum" → „Höchsttemperatur" wird durch einen Graphen dargestellt.

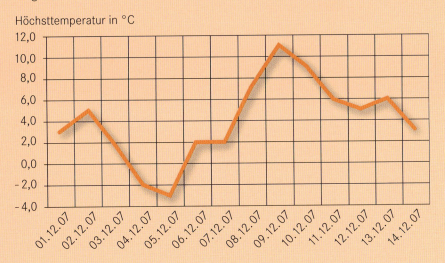

Hinweis Zuordnungen beschreiben Abbildungen. Diese können eindeutig oder mehrdeutig sein. Hierzu ein Beispiel: Jeder Schüler bzw. Schülerin einer Klasse hat einen Geburtstag. Die Abbildung ist eindeutig. Umgekehrt können auch Schüler/innen am gleichen Tag Geburtstag haben. Diese Abbildung ist mehrdeutig.

1 ZUORDNUNGEN

1 **Lies aus der Währungstabelle folgende Werte ab.**
Ist die Abbildung eindeutig oder mehrdeutig?

€	1	5	10	20	50
$	1,56	7,80	15,60	31,20	78,00

$	1	5	10	20	50
€	0,64	3,20	6,40	12,80	32,00

a) Wie viel US-Dollar erhält man für 6 Euro (15; 25; 56)?
b) Wie viel Euro erhält man für 6 US-Dollar (15; 25; 56)?

2 **Teiler natürlicher Zahlen.**
Notiere die Teiler der natürlichen Zahlen 15; 16; 23.
Lege eine Tabelle für die Zuordnung „natürliche Zahl" → „Anzahl der Teiler" an.

3 **Kehre die Zuordnungen der Beispiele a) bis e) um.**
(Zum Beispiel: „Preis in €" → „Anzahl der Eiskugeln"). Welche der neuen Zuordnungen ist
eindeutig, welche ist mehrdeutig? Begründe deine Antwort.

1.2 Proportionale Zuordnungen

Darum geht es

Es gibt verschiedene Zuordnungen, eine wichtige Zuordnung ist die **proportionale
Zuordnung.** Hier lernst du, was eine proportionale Zuordnung ist, wie du sie
erkennst, wie du damit rechnest und wie das zugehörige Schaubild aussieht.

Was sind proportionale Zuordnungen?

Proportionale Zuordnungen unterliegen einer bestimmten Regel bezüglich ihrer
Zuordnungsvorschrift. Schaue dir dazu die Regel genau an!

Regel

Eine Zuordnung heißt proportionale Zuordnung, wenn dem doppelten (halben, dreifachen, n-fachen) Wert von x der doppelte (halbe, dreifache, n-fache) Wert von y
zugeordnet wird.

ZUORDNUNGEN

Anwendung:

In einer Eisdiele kostet 1 Kugel Eis 0,80 €. Wie viel kosten 3 Kugeln?

Anzahl Eiskugeln		Preis
1	→	0,80 €
× 3		× 3
3	→	2,40 €

Unter der Voraussetzung, dass es keinen Preisnachlass gibt, kosten 3 Kugeln 2,40 €.

1 Entscheide, welche Zuordnungen der Beispiele b) bis e) aus Abschnitt 1.1 proportional sind. Begründe deine Antwort.

2 Berechne für die proportionalen Zuordnungen die fehlenden Werte.

a) Eine Kinokarte kostet 8,50 €. Wie viel kosten 5 Kinokarten?

Anzahl		Preis
	→	
	→	

b) Sechs Flaschen Mineralwasser kosten 2,79 €. Wie viel kosten 24 Flaschen?

Flaschen		Preis
	→	
	→	

c) 100 g Salami kosten 0,99 €. Wie viel kostet ein Pfund Salami?

Gewicht		Preis
	→	
	→	

1 ZUORDNUNGEN

d) Ein Pfund Äpfel kostet 1,49 €. Wie viel kosten 10 Kilo Äpfel?

Gewicht	Preis
→	
→	

3 Können die Tabellen zu einer proportionalen Zuordnungen gehören?

a)

x	1	2	3	4	5	6
y	3	6	9	12	15	18

b)

x	1	2	3	4	5	6
y	4	8	12	16	15	18

4 Vervollständige die Tabellen zu einer proportionalen Zuordnung.

a)

x	1	2	3		10	20
y	3,50			14		

b)

x	6	2	1		18	24
y	2,50			10		

5 Lege eine Zuordnungstabelle an und vervollständige sie.

a) 1 Kiste (12 Flaschen) Apfelsaft kostet 12,99 €. Wie viel kosten drei Kisten?
b) Für einen Euro erhält man 1,34 US-Dollar. Wie viel Dollar erhält man für 20 €?
c) 100 g Wurst kosten 2,40 €. Wie viel € kosten 250 g?

6 Schnelle Kapelle

Eine Musikkapelle mit 4 Musikern spielt ein Musikstück in 8 Minuten.
Wie lange dauert das Musikstück, wenn 8 Musiker das Stück spielen?

ZUORDNUNGEN

Regel

Das Schaubild einer proportionalen Zuordnung ist eine Halbgerade. Die Halbgerade geht durch den Nullpunkt (0 | 0) und ist durch einen weiteren Punkt festgelegt.

Anwendung: Weg-Zeit-Diagramm

Wir tragen die folgende Zuordnung „Weg" → „Zeit" in Koordinatensystem ein.

Zeit	1 h	2 h	4 h
Weg	50 km	100 km	200 km

Hinweis   Den Quotienten $\frac{Weg}{Zeit}$ nennt man Geschwindigkeit. In dem obigen Beispiel ergibt sich eine Geschwindigkeit von $50 \frac{km}{h}$.

7 Wertetabellen vervollständigen

Fülle die Tabelle so aus, dass jeweils eine gleich bleibende Geschwindigkeit vorliegt. Zeichne ein Schaubild der Zuordnung.

a)

Zeit	1 h	2 h		4 h
Weg	5 km		15 km	

b)

Zeit	1 h			3,5 h
Weg	40 km	80 km	100 km	

1 ZUORDNUNGEN

8 **Proportionale Uhr**

Das Gewichtsstück einer Standuhr bewegt sich in einer Stunde um 6 cm nach oben. Stelle diese proportionale Zuordnung im Koordinatensystem dar. Wie weit hat sich das Gewichtsstück nach 3,5 Stunden bewegt?

1.3 Antiproportionale Zuordnungen

Was du schon können musst:

Zuordnungen in verschiedenen Formen darstellen.

Darum geht es

Es gibt verschiedene Zuordnungen, eine weitere wichtige Zuordnung ist die **antipro- portionale Zuordnung.** Hier lernst du, was eine antiproportionale Zuordnung ist, wie du sie erkennst, und wie du damit rechnest.

Was sind antiproportionale Zuordnungen?

Antiproportionale Zuordnungen unterliegen einer bestimmten Regel bezüglich ihrer Zuordnungsvorschrift. Schau dir dazu den Kasten genau an.

Regel

Eine Zuordnung heißt antiproportionale Zuordnung oder auch indirekt proportional, wenn dem doppelten (halben, dreifachen, n-fachen) Wert von x der halbe (doppelte, dritte, n-te) Teil des Wertes von y zugeordnet wird.

Anwendung:

Ein Bagger braucht für eine Baugrube 12 Tage. Wie lange brauchen 3 Bagger?

Anzahl Bagger		Tage
1	→	12
×3		: 3
3	→	4

Unter der Voraussetzung, dass alle drei Bagger gleich schnell arbeiten, brauchen sie zusammen für das Ausheben der Baugrube 4 Tag.

ZUORDNUNGEN

1 Berechne für die antiproportionalen Zuordnungen die fehlenden Werte.

a) Ein LKW braucht für den Abtransport von Bauschutt 20 Tage.
Wie viele Tage brauchen 5 LKWs?

Anzahl		Tage
	→	
	→	

b) Eine Packung Meerschweinchentrockenfutter reicht bei einem Meerschweinchen für 12 Tage. Wie lange reicht sie bei drei Meerschweinchen?

Anzahl		Tage
	→	
	→	

c) Aus einem Fass können 300 Gläser zu je 0,2 l ausgeschenkt werden.
Wie viele Gläser können zu 0,4 l ausgeschenkt werden?

Anzahl		Liter
	→	
	→	

d) Eine Pumpe pumpt ein Schwimmbad in 18 Stunden leer. Wie lange brauchen 4 Pumpen?

Anzahl		Stunden
	→	
	→	

2 Können die Tabellen zu einer antiproportionalen Zuordnung gehören?

a)

x	2	4	8	16	32	64
y	10	5	1	0,5	0,3	0,125

b)

x	10	5	2	1	0,5	20
y	40	80	200	400	800	20

1 ZUORDNUNGEN

3 Vervollständige die Tabellen zu einer antiproportionalen Zuordnung.

a)
x	1	2	3		10	20
y	30		6			

b)
x	6	2	1		24	120
y	200		10			

4 Lege eine Zuordnungstabelle an und vervollständige sie.

a) Ein Hafervorrat reicht für ein Pferd für 32 Tage, wie lange reicht der Vorrat für 4 Tiere?
b) Bei einer Schifffahrt reicht der Vorrat bei 8 Personen für 20 Tage. Wie lange reicht der Vorrat bei 4 Personen?
c) Zwei Bagger heben eine Baugrube in 10 Stunden aus. Wie lange brauchen 24 Bagger?

Regel

Bei einer antipropotionalen Zuordnung liegen die Punkte des Graphen auf einer Kurve. Diese Kurve nennt man Hyperbel. Sie trifft keine der beiden Achsen.

Beispiel:
Ein Rechteck hat einen Flächeninhalt von $12\,cm^2$. Welche Rechteckformen sind möglich? Wir tragen dazu die Zuordnung „Länge in cm" → „Breite in cm" in eine Tabelle ein und zeichnen anschließend das Schaubild in ein Koordinatensystem.

Länge	Breite
1 cm	12 cm
2 cm	6 cm
3 cm	4 cm
6 cm	2 cm

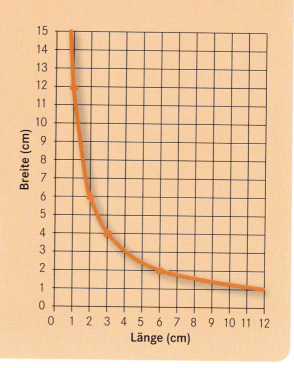

ZUORDNUNGEN

5 **Gleich große Beete**

Ein Schulgarten ist 150 m² groß. Es sollen gleich große Beete angelegt werden. Lege eine Tabelle für die Zuordnung Anzahl der Beete → Größe eines Beetes an.

a) Zeichne das Schaubild.

Lies am Graphen ab:

b) Es sollen 25 Beete entstehen. Wie groß ist jedes Beet?

c) Wie groß wird jedes Beet bei 8 Beeten?

d) Jedes Beet soll 5 m² groß sein. Wie viele Beete erhält man?

Kontrolliere deine Antworten jeweils durch eine Rechnung.

1.4 Dreisatzrechnen mit proportionalen Zuordnungen

Was du schon können musst:

Du solltest wissen, was eine proportionale Zuordnung ist und diese erkennen.

Darum geht es

Beim sogenannten Dreisatzrechnen mit proportionalen Zuordnungen geht es um ähnliche Rechnungen wie bereits zuvor. Zur Lösung dieser Aufgaben benötigst du drei Rechenschritte.

Regel

Beim Dreisatzrechnen mit proportionalen Zuordnungen rechne über die Einheit 1 oder eine andere günstige Einheit.

Anwendung:

12 Flaschen (1 Kasten) Mineralwasser kosten 5,88 €. Wie viel kosten 7 Flaschen Mineralwasser?

Anzahl Flaschen		Preis
12	→	5,88 €
: 12		: 12
1	→	0,49 €
×7		×7
7	→	3,43 €

7 Flaschen Mineralwasser kosten 3,43 €.

1 ZUORDNUNGEN

Manchmal ist es auch einfacher, über eine andere Einheit als die Einheit 1 zu rechnen. Betrachte dazu das folgende Beispiel: 60 Heftklammern wiegen 3 g. Wie viel Gramm wiegen 100 Heftklammern?

Anzahl Heftklammern		Gewicht
60	→	3 g
: 3		: 3
20	→	1 g
×5		×5
100	→	5 g

100 Heftklammern wiegen 5 g.

1 Ergänze die Tabelle sinnvoll, sodass sich eine proportionale Zuordnung ergibt.

a)

Anzahl	Preis
9	13,50 €
1	
7	

b)

Gewicht	Preis
150 g	2,97 €
50 g	
350 g	

c)

Zeit	Füllmenge
12 min	48 l
3 min	
27 min	

d)

Anzahl	Preis
286	2 366 €
66	

e)

Gewicht	Preis
350 g	5,25 €
105 g	

f)

Zeit	Füllmenge
2,5 h	5 250 l
8 h	

ZUORDNUNGEN

2 **Dreisatz beim Einkauf**

a) Ein Strauß Blumen mit 7 Tulpen kostet 2,10 €. Wie viel kostet ein Strauß mit 9 Tulpen?

b) Eine Wasserpumpe fördert 20 l in 50 Sekunden. In wie vielen Sekunden ist ein 15 l fassender Behälter gefüllt?

c) 100 g Schrauben kosten 2,90 €. Wie viel Euro kosten 40 g?

3 **Nährwertangaben**

Auf einer Knusper-Müsli-Packung sind folgende Nährwertinformationen angegeben:
100 g enthalten: 420 kcal; Eiweiß 10 g; Kohlenhydrate 62 g; Fett 15 g; Ballaststoffe 5,4 g; Natrium 0,7 g; Vitamin B1 0,5 mg; Eisen 3 mg; Magnesium 100 mg.
Berechne die Anteile für ein Frühstück, das aus 150 g Knusper-Müsli besteht.

1.5 Dreisatzrechnen mit antiproportionalen Zuordnungen

Was du schon können musst:

Du solltest wissen, was eine antiproportionale Zuordnung ist und diese erkennen.

Darum geht es

Beim sogenannten Dreisatzrechnen mit antiproportionalen Zuordnungen geht es um ähnliche Rechnungen wie bereits zuvor. Zur Lösung dieser Aufgaben benötigst du drei Rechenschritte.

Regel

Beim Dreisatzrechnen mit antiproportionalen Zuordnungen rechne über die Einheit 1 oder eine andere günstige Einheit.

Anwendung:
Für den Anstrich und die Lackierung eines großen Schiffes brauchen 4 Maler 15 Tage. Wie lange brauchen 3 Maler?

Anzahl Arbeiter		Tage
4	→	15
: 4		× 4
1	→	60
× 3		: 3
3	→	20

Für die gleiche Arbeit brauchen 3 Maler 20 Tage.

1 ZUORDNUNGEN

Manchmal ist es auch einfacher, über eine andere Einheit als die Einheit 1 zu rechnen. Betrachte dazu das folgende Beispiel: Ein Hafervorrat reicht bei einem Gestüt mit 12 Pferden für 210 Tage. Wie lange reicht der Vorrat für 8 Pferde?

Anzahl Pferde		Tage
12	→	210
: 3		× 3
4	→	630
× 2		: 2
8	→	315

Der Vorrat reicht bei 8 Pferden für 315 Tage.

1 Ergänze die Tabelle sinnvoll, sodass sich eine antiproportionale Zuordnung ergibt.

a)

LKWs	Fuhren
3	12
1	
4	

b)

Maschinen	Zeit zur Fertigstellung
9	27 h
1	
2	

c)

Gewicht	Anzahl Verpackungen
250 g	12
50 g	
200 g	

d)

Maschinen	Zeit zur Fertigstellung
14	9 h
18	

e)

LKWs	Fuhren
12	14
7	

f)

Gewicht	Anzahl Verpackungen
150 g	15
250 g	

2)
a) 7 Arbeiter sollen Anstreicherarbeiten in einem Altbau in 8 Tagen durchführen. Wie lange brauchen 4 Arbeiter?
b) 3 Bagger heben eine Baugrube in 21 Stunden aus. Wie lange brauchen 7 Bagger?
c) In einem Gestüt reicht der Hafervorrat für 18 Pferde insgesamt 240 Tage. Es werden noch 4 Pferde dazugekauft. Wie lange reicht nun der Vorrat?
d) Ein Ölvorrat reicht in einem Wohnhaus 5 Monate bei einem monatlichen Verbrauch von 630 l. Wie lange reicht der Vorrat, wenn durch Einsparmaßnahmen nur 525 l monatlich verbraucht werden?
e) 24 LKWs können in 42 Arbeitsstunden einen Abfallberg abtransportieren. Wie lange brauchen 18 Lastkraftwagen?
f) Eine Computerseite hat bei einem 1,5-zeiligen Abstand 36 Zeilen. Wie viele Zeilen ergeben sich bei einem doppelzeiligen Abstand?

1 ZUORDNUNGEN

1.6 Produktgleichheit und Quotientengleichheit

Was du schon können musst:

Du solltest wissen, was eine proportionale und eine antiproportionale Zuordnung ist und diese unterscheiden können.

Darum geht es

Du erfährst, was die Begriffe Produktgleichheit und Quotientengleichheit bedeuten, und wie du damit rechnen kannst. Sie helfen dir schneller zu entscheiden, ob eine Zuordnung proportional oder antiproportional ist. Für jede proportionale und anti-proportionale Zuordnung kannst du eine Vorschrift angeben, die die Zuordnung exakt beschreibt.

Regel

Bei einer proportionalen Zuordnung sind die Quotienten zugeordneter Größen gleich. Der Quotient

$$q = \frac{2.\ \text{Größe}}{1.\ \text{Größe}}$$

heißt Proportionalitätsfaktor. Die Zuordnungsvorschrift einer proportionalen Zuordnung hat die form $x \to q \cdot x$.

Anwendung:

Mithilfe des Proportionalitätsfaktors kannst du zeigen, dass die folgende Zuordnung proportional ist:

x	1	2	12	0,7
y	4	8	48	2,8

Du rechnest: 4 : 1 = 4;   8 : 2 = 4;   48 : 12 = 4;   2,8 : 0,7 = 4.
Der Quotient ergibt jedes Mal den Wert 4. 4 ist also der Proportionalitätsfaktor. Die Zuordnung ist damit proportional. Die Zuordnungsvorschrift lautet: $x \to 4 \cdot x$.

ZUORDNUNGEN

Regel

Bei einer antiproportionalen Zuordnung sind die Produkte p zugeordneter Größen gleich (Produktgleichheit).

Die Zuordnungsvorschrift einer antiproportionalen Zuordnung hat die Form

$x \rightarrow \frac{p}{x}$.

Anwendung:

Mithilfe der Produktgleichheit kannst du zeigen, dass die folgende Zuordnung antiproportional ist:

x	1	2	0,5	0,8
y	24	12	48	30

Du rechnest: $1 \cdot 24 = 24$; $\quad 2 \cdot 12 = 24$; $\quad 0,5 \cdot 48 = 24$; $\quad 0,8 \cdot 30 = 24$.

Das Produkt hat jedes Mal den Wert 24. Folglich ist die Zuordnung antiproportional.

Die Zuordnungsvorschrift lautet $x \rightarrow \frac{24}{x}$.

1 Überprüfe, ob die folgende Zuordnung proportional ist.
Gib im Falle der Proportionalität die Zuordnungsvorschrift an.

a)

x	1	2	0,25	40	0, 5	0,3
y	3	6	0,75	120	1,5	0,9

b)

x	1	2	3	0,4	0,25	0,2
y	0,5	1	1,5	1,2	0,75	0,8

2 Überprüfe, ob die folgende Zuordnung antiproportional ist.
Gib im Falle der Antiproportionalität die Zuordnungsvorschrift an.

a)

x	1	2	3	4	0,5	0,6
y	12	6	4	3	21	20

b)

x	1	2	4	0,125	2,5	50
y	0,5	0,25	0,125	4	0,2	0,01

1 ZUORDNUNGEN

3 Ergänze die Tabellen, sodass sie jeweils proportional bzw. antiproportional sind. Gib die Zuordnungsvorschriften an.

a) proportional

x	1		3		5	0,5
y	4	8		16		

b) antiproportional

x	1		3		5	0,5
y	4	8		16		

ZUORDNUNGEN

Test Kapitel 1

1 Aus einem undichten Wasserhahn tropft es.
Die Wasserleitung verliert in 5 Stunden 4 l. |10|

   a) Begründe, ob es sich um eine proportionale oder antiproportionale Zuordnung handelt.
   b) Gib eine Zuordnungsvorschrift an.

2 Ergänze die Tabellen, sodass du je eine proportionale
und antiproportionale Zuordnung erhältst. |10|

x	2	8	0,25		$\frac{1}{20}$
y	5			0,5	

x	2	8	0,25		$\frac{1}{20}$
y	5			0,5	

3 Ein Ölvorrat für ein Wohnhaus reicht 6 Monate, wenn monatlich 800 l Öl
verbraucht werden. |10|

   a) Wie lange reicht er, wenn monatlich 1 200 Liter verbraucht werden?
   b) Wie groß darf der monatliche Verbrauch sein, wenn der Vorrat 8 Monate reichen soll?

4 Ein Fuhrunternehmer soll 180 m³ Erde abtransportieren. Mit 18 Fuhren hat er
schon 108 m³ abgefahren. Wie viele Fuhren sind für den Rest erforderlich? |10|

5 Ein Kind mit 4 Jahren schläft täglich ungefähr 14 Stunden.
Wie viele Stunden schläft ein Kind mit 2 Jahren täglich? |10|

||50||

Wie viele Punkte hast du? Erreichst du mehr als 39 Punkte, beherrschst du den Inhalt des Kapitels wirklich
gut. Erreichst du weniger als 20 Punkte, dann solltest du dieses Kapitel wiederholen.

2 ZINSRECHNUNG

2.1 Monats- und Tageszinsen

Was du schon können musst:

Du solltest die Grundbegriffe und Grundregeln aus der Prozentrechnung kennen, insbesondere die Größen Grundwert (G), Prozentsatz (p) und Prozentwert (P). Die Zinsrechnung ist eine Anwendung der Prozentrechnung. Dabei entspricht

▶ das Kapital dem Grundwert,
▶ der Zinssatz dem Prozentsatz,
▶ die Jahreszinsen dem Prozentwert.

Darum geht es

Geld spielt im alltäglichen Leben eine wichtige Rolle. Wenn man bei einer Bank ein Sparbuch oder ein Girokonto hat, erhält man Zinsen gutgeschrieben. Leiht man sich bei einer Bank Geld, so verlangt diese im Gegenzug Zinsen.

Die Zinsen werden sehr häufig nicht nur für ein Jahr berechnet, sondern auch für Monate und Tage. Hier erfährst du, wie dies funktioniert.

Beispiel

Nadine hat zum Jahresbeginn 250 € auf ihrem Sparbuch. Im Laufe des Jahres zahlt sie nichts ein und hebt nichts ab. Nach fünf Monaten möchte sie eine neue Digital-kamera für 259 € kaufen und das Geld vom Sparbuch nehmen. Sind inzwischen genügend Zinsen hinzugekommen, um die Kamera zu kaufen, wenn der Zinssatz für das Sparbuch 3 % beträgt?

Lösung: Wir berechnen die Zinsen wie für ein Jahr, multiplizieren jedoch noch mit $\frac{5}{12}$ um die Laufzeit von nur fünf Monaten zu berücksichtigen:

Zinsen (Z_t) = 250 € $\cdot \frac{3}{100} \cdot \frac{5}{12}$ = 3,125 € ≈ 3,13 €.

Nadine erhält in fünf Monaten 3,13 € Zinsen. Das reicht nicht, um die Digitalkame-ra allein mit dem Geld auf dem Sparbuch zu kaufen.

Regel: Monatszinsen

Gegeben: Kapital K, Zinssatz p %, Laufzeit t Monate
Gesucht: Zinsen Z_t

$$Z_t = K \cdot \frac{p}{100} \cdot \frac{t}{12} \qquad (I)$$

ZINSRECHNUNG

Die Formel lässt sich zur Berechnung des Kapitals umstellen:

Gegeben: Zinsen Z_t, Zinssatz $p\%$, Laufzeit t Monate

Gesucht: Kapital K

$$K = Z_t \cdot \frac{100}{p} \cdot \frac{12}{t} \qquad \text{(II)}$$

Berechnung des Zinssatzes:

Gegeben: Kapital K, Zinsen Z_t, Laufzeit t Monate.

Gesucht: Zinssatz $p\%$

$$p = Z_t \cdot \frac{100}{K} \cdot \frac{12}{t} \qquad \text{(III)}$$

Anwendung:

a) Eine Bank bietet für ein Vierteljahr einen Zinssatz von 3,2 % an.
Welche Summe muss Herr Mayer anlegen, wenn er 120 € Zinsen für diesen
Zeitraum erhalten möchte?
Lösung: $K = 120\,€ \cdot \frac{100}{3,2} \cdot \frac{12}{3} = 15.000\,€$. Herr Mayer muss 15.000 € anlegen.

b) Ein Darlehen über 8.000 € soll nach 9 Monaten mit 8.420 € zurückgezahlt werden.
Welchem Zinssatz entspricht das?
Lösung: $p = 420\,€ \cdot \frac{100}{8\,000} \cdot \frac{12}{9} = 7\%$. Der Zinssatz beträgt 7 %.

Info: Tageszinsen

Die Berechnung von Tageszinsen ist ähnlich zu der Berechnung von Monatszinsen. Allerdings rechnen die Banken nicht mit einem Kalenderjahr von 365 Tagen, sondern mit einem „Bankjahr" mit 360 Tagen. Ein Monat wird mit 30 Tagen gezählt.

Regel: Tageszinsen

Gegeben: Kapital K, Tageszinssatz $p\%$, Laufzeit t Tage

Gesucht: Tageszinsen Z_t

$$Z_t = K \cdot \frac{p}{100} \cdot \frac{t}{360} \qquad \text{(I)}$$

Gegeben: Tageszinsen Z_t, Tageszinssatz $p\%$, Laufzeit t Tage

Gesucht: Kapital K

$$K = Z_t \cdot \frac{100}{p} \cdot \frac{360}{t} \qquad \text{(II)}$$

Gegeben: Kapital K, Tageszinsen Z_t, Laufzeit t Tage

Gesucht: Tageszinssatz $p\%$

$$p = Z_t \cdot \frac{100}{K} \cdot \frac{360}{t} \qquad \text{(III)}$$

2 ZINSRECHNUNG

Anwendungen:

a) Guila hat 4 Monate und 18 Tage lang 210 € auf dem Sparbuch. Berechne die täglich anfallenden Zinsen bei einem Zinssatz von 2,5 %.
Lösung: $Z_t = 210 \, € \cdot \frac{2,5}{100} \cdot \frac{138}{360} \approx 2,01 \, €$.
Sie erhält in diesem Zeitraum 2,01 € Zinsen.

b) Frau Hager hat ihr Gehaltskonto 45 Tage lang überzogen. Bei einem Zinssatz von 11,5 % berechnet die Bank 6,90 € Überziehungszinsen. Um wie viele Euro hat sie ihr Konto überzogen?
Lösung: $K = 6,90 \, € \cdot \frac{100}{11,5} \cdot \frac{360}{45} = 480 \, €$.
Sie hat ihr Konto um 480 € überzogen.

c) Das Bergmann-Kreditinstitut wirbt mit folgendem Angebot: „Bei uns kostet ein Kredit über 2.000 € nur 1 € Zinsen am Tag!" Wie hoch ist der Zinssatz?
Lösung: $p = 1 \, € \cdot \frac{100}{2\,000} \cdot \frac{360}{1} = 18 \, \%$.
Der Zinssatz beträgt 18 %, ist also unverhältnismäßig hoch!

1 Herr Schmidt hat sein Konto für 4 Monate um 2.500 € überzogen. Die Bank verlangt von ihm 8 % Zinsen. Wie viel Zinsen muss er zahlen?

2 Berechne die Monatszinsen für ein Sparbuch mit einem Zinssatz von 2,5 %.

a) Fabian hat 9 Monate lang 600 € auf seinem Sparbuch.
b) Aylin hat 11 Monate lang 450 € auf ihrem Sparbuch.

3 Ergänze die folgende Tabelle.

	a)	b)	c)	d)	e)
Kapital	200 €		22.500 €	4.750 €	
Zinssatz	2 %	2,5 %		3,25 %	2 %
Laufzeit	5 Monate	3 Monate	7 Monate	2 Monate	6 Monate
Monatszinsen		7,50 €	525 €		24 €

4 Berechne die Tageszinsen für ein Sparbuch mit einem Zinssatz von 2,5 %.

a) Jakob hat 20 Tage lang 600 € auf seinem Sparbuch.
b) Sarah hat 11 Monate und 10 Tage lang 450 € auf ihrem Sparbuch.

ZINSRECHNUNG

5 Ergänze die folgende Tabelle.

	a)	b)	c)	d)	e)
Kapital	200 €	1.200 €	22.500 €	4.750 €	2.400 €
Zinssatz	2 %		4 %	3,25 %	
Laufzeit	150 Tage	21 Tage		1 Monat und 14 Tage	6 Monate und 20 Tage
Tageszinsen		1,75 €	2,50 €		40 €

6 **Autokauf**

Familie Ortner will ein neues Auto kaufen, kann aber den Verkaufspreis von 24.500 € nicht sofort bezahlen. Das Autohaus Rottmayer bietet an: Der halbe Preis wird sofort bezahlt. Der Rest einen Monat später. Dafür verlangt das Autohaus einen Zuschlag von 62,50 €. Welchem Zinssatz entspricht das?

7 Herr Riedel legt 5.000 € über zwei Jahre mit einem Zinssatz von 4 % bei einer Bank an. Mit wie viel Zinsen kann er am Ende der Laufzeit rechnen?

2.2 Prozentuale Änderung

Was du schon können musst:

Du solltest die Grundbegriffe und Grundregeln aus der Prozentrechnung kennen.

Darum geht es

Sicherlich hast du beim Einkaufen schon erlebt, dass Produkte teurer oder billiger wurden. Hier lernst du, wie du schnell feststellen kannst, wie groß die Änderung der Preise in Prozent war. Die prozentuale Veränderung spielt auch in vielen anderen Bereichen, wo es um Wachstum oder Abnahme geht, eine wichtige Rolle.

2 ZINSRECHNUNG

Regel

a) Wird ein Grundwert um $p\%$ vermehrt, so erhält man den neuen Wert (Prozentwert), indem man rechnet
$$P = G \cdot \left(1 + \frac{p}{100}\right).$$

b) Wird ein Grundwert um $p\%$ vermindert, so erhält man den neuen Wert (Prozentwert), indem man rechnet
$$P = G \cdot \left(1 - \frac{p}{100}\right).$$

Mehrwertsteuer

a) Ein Fahrrad kostet ohne Mehrwertsteuer 450 €. Die Mehrwertsteuer beträgt 19 %. Wie teuer ist das Fahrrad mit Mehrwertsteuer?
$$P = 450\,€ \cdot \left(1 + \frac{19}{100}\right) = 450\,€ \cdot 1{,}19 = 535{,}50\,€.$$
Das Fahrrad kostet mit Mehrwertsteuer 535,50 €.

b) Ein Computer kostet ursprünglich 1.290 €. Bei einer Sonderaktion wird der Preis um 15 % gesenkt. Wie teuer ist der Computer nach der Preissenkung?
$$P = 1.290\,€ \cdot \left(1 - \frac{15}{100}\right) = 1.290\,€ \cdot 0{,}85 = 1.096{,}50\,€.$$
Der Computer kostet nach der Preissenkung 1.096,50 €.

1 Skonto

Ein neuer Fernseher kostet 580 €. Wird er innerhalb von zwei Wochen bezahlt, darf man 2 % Skonto abziehen. Herr Schmidt bezahlt direkt beim Verkauf im Geschäft.
Was muss er bezahlen?

2 Mehrwertsteuer

Ein Auto wird zu einem Nettopreis von 19.900 € angeboten. Es kommen noch 19 % Mehrwertsteuer hinzu. Wie teuer ist der Wagen?

3 Gehaltserhöhung

Herr Kieslowskis monatliches Gehalt ist bei der letzten Lohnerhöhung von 3.200 € auf 3.392 € gestiegen. Frau Wolfs Gehalt stieg zuletzt von 2.800 € auf 2.982 €.
Welche Lohnerhöhung ist prozentual höher ausgefallen?

4 Sonderaktion

Ein Elektronikkaufhaus wirbt bei einer Sonderaktion mit dem Slogan „Wir erlassen Ihnen die Mehrwertsteuer". Lena möchte einen MP3-Player kaufen. Er kostet 129 € einschließlich der Mehrwertsteuer von 19 %. Wie viel kostet das Gerät netto?

ZINSRECHNUNG

Test Kapitel 2

1 Herr Krause hat bei seiner Bank 15.000 € zu 4 % angelegt.
Nach einem $\frac{3}{4}$ Jahr hebt er sein Geld ab. Wie viel Zinsen bekommt er?　|5|

2 Frau Walter zahlt für 6.000 € Schulden vierteljährlich 120 € Zinsen.
Wie hoch ist der Zinssatz?　|5|

3 Überziehungszinsen (I)
Frau Blum hat ihr Gehaltskonto 4 Monate lang überzogen. Bei einem Zinssatz von 7,5 %
berechnet die Bank 50 € Zinsen. Um wie viel Euro hat sie ihr Konto überzogen?　|5|

4 Herr Gross leiht sich 5.000 € und zahlt nach 100 Tagen 5.250 € zurück.
Zu welchem Zinssatz hat er sich das Geld geliehen?　|5|

5 Überziehungszinsen (II)
Björn hat sein Girokonto 80 Tage lang überzogen. Bei einem Zinssatz von 9 % berechnet
die Bank 5 € Zinsen. Um wie viel Euro hat er sein Konto überzogen?　|5|

6 Wachsender Konsum
Die Kids-Verbraucher-Analyse befragte von Februar bis April 2007 1588 Kinder im Alter
zwischen sechs und 13 Jahren über ihr Konsumverhalten. Die Mobiltelefone belasten laut
Studie jeden Haushalt im Durchschnitt mit jährlich 312 Euro, das sind 15 Euro mehr als
vor zwei Jahren. Die Kleidung, vor allem Markenware bei Sportschuhen, Rucksäcken und
Taschen, schlägt mit jährlich 320 Euro zubuche, fünf Euro mehr als 2005.
Wie groß ist die prozentuale Steigerung der Ausgaben?　|10|

7 Preissteigerung
Ein Rennrad kostet 900 €. Dieser Preis wird um 10 % erhöht, der erhöhte Preis wird
später nochmals um 10 % erhöht.　|10|

　a) Wie teuer ist das Rennrad nach der zweimaligen Erhöhung?
　b) Um wie viel Prozent ist der ursprüngliche Preis insgesamt gestiegen?

8 Gehaltserhöhung
Nach einer Gehaltserhöhung von 2,5 % verdient Herr Schulze jetzt 2.870 €.
Wie hoch war sein ursprüngliches Gehalt?　|5|

||50||

Wie viele Punkte hast du? Erreichst du mehr als 39 Punkte, beherrschst du den Inhalt des Kapitels wirklich
gut. Erreichst du weniger als 20 Punkte, dann solltest du dieses Kapitel wiederholen.

3 RATIONALE ZAHLEN

3.1 Anordnung rationaler Zahlen

Darum geht es

Negative Zahlen oder „Minuszahlen" kennst du bestimmt schon aus dem Alltag. Eine Anwendung finden sie, wenn es um die Angabe von Temperaturen geht. Zu 3 °C unter dem Gefrierpunkt sagen wir auch minus 3° Celsius, geschrieben – 3 °C. Auch bei Geldangaben auf dem Konto (Haben oder Soll) und bei Höhenangaben über oder unter dem Meeresspiegel (NN = Normalnull) findest du eine Anwendung negativer Zahlen. Negative und positive Zahlen kann man anordnen.

Was sind rationale Zahlen?

Fügt man zu den ganzen Zahlen alle positiven und negativen Brüche hinzu, so erhält man die rationalen Zahlen. Die ganzen Zahlen sind ein Teil der rationalen Zahlen, da man sie auch als Brüche schreiben kann. Für die Menge der rationalen Zahlen verwendet man die Bezeichnung $\mathbb{Q}$, für die Menge der ganzen Zahlen die Bezeichnung $\mathbb{Z}$.

Negative Zahlen

Zahlengerade und Zahlenstrahl
Der Zahlenstrahl wird zu einer Zahlengeraden erweitert:

Zahlenstrahl

Zahlengerade

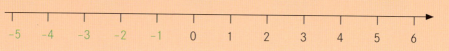

1 Ordne die folgenden Zahlen der Größe nach. Beginne jeweils mit der kleinsten Zahl.

a) $2;\ 0{,}5;\ -7;\ \frac{5}{3};\ -5{,}5$

b) $4;\ -9;\ +3\frac{2}{5};\ -3{,}5;\ 4{,}8;\ \frac{25}{6};\ -10{,}3$

c) $-\frac{3}{7};\ 2;\ 3;\ -0{,}4;\ -\frac{7}{12};\ 2\frac{1}{3}$

RATIONALE ZAHLEN

2 Ordne die folgenden Zahlen der Größe nach. Beginne jeweils mit der größten Zahl.

a) $-22; 4; -7\frac{1}{2}; -31; 0; \frac{9}{2}$

b) $3; -23; 7,4; -0,5; -\frac{5}{6}; \frac{5}{6}; -4$

c) $-\frac{3}{4}; -\frac{4}{7}; -\frac{9}{2}; -4,3$

3 Ordne die folgenden Mathematikerinnen und Mathematiker nach der zeitlichen Reihenfolge ihrer Geburt an.

Euklid	um 300 v. Chr.
Carl Friedrich Gauß	1777 n. Chr.
Hypatia	um 370 n. Chr.
Thales von Milet	625 v. Chr.
Maria Agnesia	1718 n. Chr.
Al–Hwarizmi	um 800 n. Chr.
Nils Abel	1802 n. Chr.
Eratosthenes von Kyrene	um 284 v. Chr.
Pythagoras von Samos	580 v. Chr.
Leonhard Euler	1707 n. Chr.
Joseph Lois Lagrange	1736 n. Chr.
Eudoxos von Knidos	408 v. Chr.

4 Gib mit dem Kleinerzeichen an, welche Zahl kleiner ist.

a) $-3,5; -3\frac{1}{3}$

b) $\frac{7}{9}; \frac{5}{6}$

c) $-\frac{13}{7}; -\frac{16}{9}$

d) $-2,23; -2\frac{1}{4}$

5 Welche Zahl liegt auf der Zahlengeraden in der Mitte zwischen

a) 3 und 5;

b) 2 und 4,5;

c) –3 und –3,5;

d) $-\frac{1}{4}$ und $\frac{1}{2}$?

6 Für welche ganzen Zahlen von – 5 bis + 3 gilt die angegebene Bedingung?

a) Die Zahl ist kleiner als – 3.

b) Die Zahl ist größer als – 2.

c) Die Zahl liegt zwischen – 4 und 2.

d) Die Zahl ist kleiner als 3 und größer als – 1.

3 RATIONALE ZAHLEN

3.2 Betrag rationaler Zahlen

Was du schon können musst:

Du solltest einigermaßen sicher die rationalen Zahlen ihrer Größe nach anordnen.

Darum geht es

Beträge spielen auch im Alltag eine Rolle. So spricht man bei einem Bankkonto auch davon, dass sich ein bestimmter Betrag darauf befindet. Mit dem Betrag ist aber noch nicht gesagt, ob der Kontoinhaber Geld auf dem Konto (Haben) hat oder der Bank Geld schuldet (Soll). Hier lernst du den Begriff des Betrags näher kennen und wie du mit Beträgen rechnest.

Regel

Der Abstand einer Zahl a von 0 heißt Betrag dieser Zahl. Wir bezeichnen den Betrag einer rationalen Zahl mit $|a|$. Der Betrag ist nie negativ.
Eine rationale Zahl a und ihre Gegenzahl $-a$ haben stets den gleichen Betrag.

Anwendung:

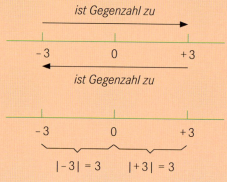

① Auf der Zahlengeraden

a) Welche Zahl liegt von 0 gleich weit entfernt wie -5; $+1\,250$; $-6{,}25$; $+\frac{1}{5}$; $-3\frac{2}{3}$?

b) Bestimme die Gegenzahl zu: -200; $+78$; $-23{,}3$; $-32{,}2$; $+\frac{3}{4}$; $-\frac{1}{12}$; $+\frac{23}{6}$.

c) Bestimme $|-6|$; $|+12|$; $|+7{,}25|$; $|-3{,}6|$; $|-2{,}25|$; $\left|\frac{1}{4}\right|$; $\left|-\frac{3}{8}\right|$; $\left|-4\frac{2}{9}\right|$.

RATIONALE ZAHLEN

2 Gib alle rationalen Zahlen an, deren Betrag

a) 27;   b) 4,3;   c) $\frac{1}{2}$;   d) $7\frac{3}{4}$;   e) 0

ist.

3 Sortiere die Zahlen nach der Größe ihrer Beträge.

a) -22; 4; $-7\frac{1}{2}$; -31; 0; $\frac{9}{2}$ b) $-\frac{3}{7}$; 2; 3; $-0,4$; $-\frac{7}{12}$; $2\frac{1}{3}$

4 Berechne.

a) $|3-5|$ b) $|7-3|\cdot 2$ c) $12-|-3|$

d) $\left|\frac{1}{4}\right|+\left|-\frac{3}{8}\right|$ e) $|-525|-|-315|$ f) $|25-12|\cdot|31-16|$

g) $\left|\frac{1}{4}\right|:\left|-\frac{3}{8}\right|$ h) $||-12|-3|$ i) $||9|-|-3,4|+6,7|$

5 a) Wie viele ganze Zahlen gibt es, deren Betrag kleiner als 8 ist?
    b) Wie viele ganze Zahlen gibt es, deren Betrag größer als 4 und kleiner als 11 ist?

6 Wenig Toleranz
Eine Maschine produziert Werkteile für ein Auto. Die Abweichungen dürfen nicht mehr als 2 mm betragen, sonst muss das Werkteil aussortiert werden. Für sieben Werkteile wurden folgende Abweichungen (in mm) gemessen: $-1,3$; $+2,3$; $-0,6$; -2; $-2,5$; $-1,3$, $+0,7$. Welche Werkteile müssen aussortiert werden?

7 Für welche ganzen Zahlen von -5 bis $+3$ gilt die angegebene Bedingung?

a) Der Betrag ist kleiner als 3.
b) Der Betrag ist größer als 2.
c) Die zugehörige Gegenzahl ist kleiner als -1.
d) Der Betrag liegt zwischen 4 und 1.
e) Die zugehörige Gegenzahl ist größer als $+2$.

3 RATIONALE ZAHLEN

3.3 Addition und Subtraktion rationaler Zahlen

Was du schon können musst:

Du solltest den vorherigen Abschnitt über den Betrag rationaler Zahlen bearbeitet und verstanden haben. Auch solltest du die Begriffe Summe und Summand kennen.

Darum geht es

Addition und Subtraktion rationaler Zahlen spielen nicht nur in der Mathematik, sondern auch im alltäglichen Leben eine Rolle. Beispielsweise, wenn es um die Rechnung mit Temperaturen oder Kontoständen bei der Bank geht.

Regel

Beim **Addieren** einer positiven Zahl geht man auf der Zahlengeraden um deren Betrag nach rechts, beim **Addieren** einer negativen Zahl um deren Betrag nach links.

Beispiel:
Addieren auf der Zahlengeraden

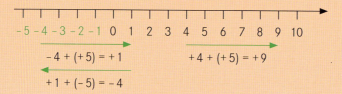

$-4 + (+5) = +1$ $+4 + (+5) = +9$
$+1 + (-5) = -4$

Regel

(I) Haben die Summanden die gleichen Vorzeichen, so addiert man die Beträge. Das Ergebnis erhält das gemeinsame Vorzeichen.
(II) Haben die Summanden unterschiedliche Vorzeichen, so subtrahiert man den kleineren Betrag vom größeren. Das Ergebnis erhält das Vorzeichen des Summanden mit dem größeren Betrag.

Beispiele:
(I) $-12 + (-16) = -(|12| + |16|) = -28$
(II) $+23 + (-17) = +(|23| - |17|) = +6$,   aber
     $-23 + (+17) = -(|23| - |17|) = -6$

RATIONALE ZAHLEN

> **Info**
>
> Häufig lässt man das Pluszeichen vor einer positiven Zahl in der Schreibweise weg.
> Beispielsweise schreibt man − 4 + 9 = 5 statt − 4 + (+ 9) = + 5.

1 Berechne.

a) 20 + (+ 85) b) 20 + (− 85) c) − 20 + (− 85) d) − 20 + (+ 85)

e) 17,3 + (+ 2,8) f) 17,3 + (− 2,8) g) − 17,3 + (− 2,8) h) − 17,3 + (+ 2,8)

i) $\frac{1}{3} + \left(+\frac{1}{2}\right)$ j) $-\frac{1}{3} + \left(+\frac{1}{2}\right)$ k) $\frac{1}{3} + \left(-\frac{1}{2}\right)$ l) $-\frac{1}{3} + \left(-\frac{1}{2}\right)$

2 Ergänze die Rechenquadrate, indem du zu der Zahl in der ersten Spalte die Zahlen der ersten Reihe addierst.

Beispiel: 4 + (− 7) = − 3.

+	−7	3,5	$-\frac{1}{5}$
4			
− 1,5			
$-\frac{1}{4}$			

+	9	$-\frac{2}{5}$	− 3,8
− 12			
2,3			
$-\frac{3}{4}$			

3 Vervollständige die Rechenpyramide. Über zwei Steinen steht jeweils die Summe.

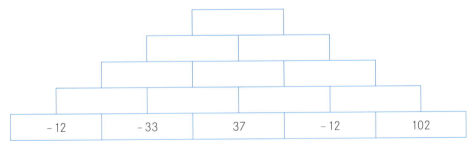

| − 12 | − 33 | 37 | − 12 | 102 |

4 Berechne schrittweise.

a) − 3 + (+ 7) + (− 12)

b) 0,75 + (+ 3,05) + (− 4,5)

c) $-\frac{1}{4} + \left(+\frac{2}{5}\right) + \left(-\frac{1}{2}\right)$

d) $2 + (-2,5) + \left(-\frac{1}{4}\right)$

e) $0,3 + (-3,6) + \left(+\frac{3}{4}\right)$

f) $\frac{1}{5} + (-3,2) + \left(+\frac{1}{4}\right)$

3 RATIONALE ZAHLEN

> **Regel**
>
> Beim **Subtrahieren** einer positiven Zahl geht man auf der Zahlengeraden um deren Betrag nach links, beim **Subtrahieren** einer negativen Zahl um deren Betrag nach rechts.
>
> Beispiel:
> Subtrahieren auf der Zahlengeraden

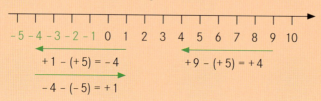

> **Regel**
>
> Man subtrahiert eine rationale Zahl, indem man ihre Gegenzahl addiert.

> **Info**
>
> Halte dich also bei der Subtraktion an die Regeln der Addition und nutze die Gegenzahl.
>
> Beispiele:
> $+12 - (+8) = 12 + (-8) = 4$
> $+12 - (-8) = 12 + (+8) = 20$
> $-12 - (+8) = -12 + (-8) = -20$
> $-12 - (-8) = -12 + (+8) = -4$

5 Berechne.

a) $20 - (+85)$ b) $20 - (-85)$ c) $-20 - (-85)$ d) $-20 - (+85)$

e) $17{,}3 - (+2{,}8)$ f) $17{,}3 - (-2{,}8)$ g) $-17{,}3 - (-2{,}8)$ h) $-17{,}3 - (+2{,}8)$

i) $\frac{1}{3} - \left(+\frac{1}{2}\right)$ j) $-\frac{1}{3} - \left(+\frac{1}{2}\right)$ k) $\frac{1}{3} - \left(-\frac{1}{2}\right)$ l) $-\frac{1}{3} - \left(-\frac{1}{2}\right)$

6 Ergänze die Rechenquadrate, indem du zu der Zahl in der ersten Spalte die Zahlen der ersten Reihe subtrahierst.
Beispiel: $4 - (-7) = 11$.

RATIONALE ZAHLEN

−	−7	3,5	−$\frac{1}{5}$
4			
−1,5			
−$\frac{1}{4}$			

−	9	$\frac{2}{5}$	−3,8
−12			
2,3			
−$\frac{3}{4}$			

7 Vervollständige die Rechenpyramide. Über zwei Steinen steht jeweils die Differenz zwischen der linken und rechten Zahl.
Beispiel: −12 − (−33) = 21.

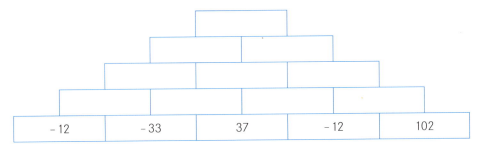

| −12 | −33 | 37 | −12 | 102 |

8 Berechne schrittweise.

a) −3 − (+7) − (−12)   b) 0,75 − (+3,05) − (−4,5)   c) −$\frac{1}{4}$ + $\left(+\frac{2}{5}\right)$ − $\left(-\frac{1}{2}\right)$

d) 2 − (−2,5) − $\left(-\frac{1}{4}\right)$ e) 0,3 − (−3,6) − $\left(+\frac{3}{4}\right)$ f) $\frac{1}{5}$ − (−3,2) − $\left(+\frac{1}{4}\right)$

9 Eine Wetterstation misst die Temperatur an fünf Tagen jeweils um 6.00 Uhr morgens und um 18.00 Uhr abends.

	morgens	abends
Montag	2,4 C°	5,7 C°
Dienstag	0,3 C°	3,6 C°
Mittwoch	−1,7 C°	2,3 C°
Donnerstag	−8,6 C°	−0,5 C°
Freitag	−12,5 C°	−2,4 C°

a) Berechne den Abstand zwischen Morgen- und Abendtemperatur.
b) An welchem Tag änderte sich die Temperatur am meisten, an welchem Tag am wenigsten?

3 RATIONALE ZAHLEN

Auflösen von Zahlenklammern

Zahlenklammern darf man auflösen und vereinfachen.
Zur Erinnerung: Eine rationale Zahl subtrahieren heißt, ihre Gegenzahl addieren.
$(+8) - (+2) = (+8) + (-2) = +6$
$(-5) - (-3) = (-5) + (+3) = -2$

Für die Auflösung von Zahlenklammern ergeben sich folgende Regeln.
(I) Man setzt ein Pluszeichen, wenn gleiche Vorzeichen nebeneinander stehen.
(II) Man setzt ein Minuszeichen, wenn verschiedene Vorzeichen nebeneinander stehen.

Beispiele:

I $8 + (+12) = 8 + 12 = 20$ bzw. $8 - (-12) = 8 + 12 = 20$

II $8 + (-12) = 8 - 12 = -4$ bzw. $8 - (+12) = 8 - 12 = -4$

Rechenvorteile durch Vertauschen von Summanden

Für rationale Zahlen gilt das Kommutativgesetz
$a + b = b + a$
und das Assoziativgesetz
$(a + b) + c = (a + b) + c = a + b + c$
Du darfst bei der Addition die Reihenfolge vertauschen. Damit kannst du dir die Rechnung manchmal vereinfachen.

Beispiele:

a) $(+687) + (-355) + (-187) = (+687) + (-187) + (-355)$
$$= 687 - 187 - 355 = 500 - 355$$
$$= 145$$

b) $0{,}75 + (-0{,}3) + (+1{,}25) + (+2{,}3) = 0{,}75 + 1{,}25 - 0{,}3 + 2{,}3$
$$= 2 + 2$$
$$= 4$$

10 Das Tal des Todes

a) Das Tal des Todes ist mit 85 m unter Normalnull der tiefste Punkt Amerikas. Winnetou reitet von dort 145 m bergauf. Auf welcher geografischen Höhe befindet er sich?

b) Pythagoras von Samos wurde 580 v. Chr. geboren. Vor wie vielen Jahren war das nach christlicher Zeitrechnung?

RATIONALE ZAHLEN

11 Rechne vorteilhaft.

a) $(+399) - (-547) + (-299)$

b) $(-282) + (-233) + (-318)$

c) $(+12,3) + (+32,6) + (-11,3)$

d) $-\frac{1}{4} + \left(+\frac{2}{5}\right) + \left(-\frac{1}{2}\right)$

e) $(-8,38) + 4,71 + (+3,38) + (-1,71)$

f) $4,55 + (-2,36) + (-7,55) + (+6,36)$

g) $-12,3 + 8,8 - 4,6 - 3,7 + 1,2 - 3,4$

h) $2\frac{1}{4} + 4\frac{2}{5} - \frac{1}{2} - 1\frac{1}{4} + \frac{3}{5} - 7\frac{1}{2}$

12 Berechne die fehlenden Beträge.

alter Kontonstand	Buchung	neuer Kontostand
+ 220 €	+ 382 €	
+ 234,50 €	– 405,50 €	
– 176,30 €	+ 250 €	
– 1.020 €	– 245,80 €	
– 245 €		+ 330 €
+ 230,50 €		– 54,50 €

3.4 Multiplikation und Division mit rationalen Zahlen

Was du schon können musst:

Du solltest mit der Schreibweise und den Vorzeichen für rationale Zahlen vertraut sein. Du solltest die Begriffe Faktoren, Produkt, Dividend, Divisor und Quotient kennen.

Darum geht es

Auch für die Multiplikation und Division von rationalen Zahlen gibt es Rechengesetze. Dabei spielen die Vorzeichen eine große Rolle. Am Ende des Kapitels kannst du mit etwas Übung diese Regeln anwenden.

3 RATIONALE ZAHLEN

Multiplikation mit Vorzeichen

Betrachte folgende Multiplikationen:

4 · 2 = 8   4 · 1 = 4   4 · 0 = 0
4 · (− 1) = − 4   − 4 · (− 2) = + 8

Setze die Reihe fort, indem du 4 mit + 3, + 4, − 3, − 4 multiplizierst. Was fällt dir auf?

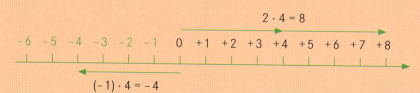

Regel

Man multipliziert zwei rationale Zahlen, indem man ihre Beträge miteinander multipliziert und folgende Vorzeichenregeln beachtet.
(I) Bei gleichen Vorzeichen der Faktoren ist das Produkt positiv.
(II) Bei verschiedenen Vorzeichen der Faktoren ist das Produkt negativ.
Außerdem gilt für alle $a \in \mathbb{Q}$:
$a \cdot 0 = 0 \cdot a = 0$.

Beispiele:
(+ 7) · (+ 4) = + 28   (− 7) · (− 4) = + 28
(+ 7) · (− 4) = − 28   (− 7) · (+ 4) = − 28

1 Berechne das Produkt.

a) (+ 12) · (+ 13)   b) (− 12) · (+ 13)   c) (+ 12) · (− 13)   d) (− 12) · (− 13)

e) (+ 1,7) · (− 1,3) f) (− 1,7) · (− 1,3) g) (+ 1,7) · (+ 1,3) h) (− 1,7) · (+ 1,3)

i) $\frac{3}{4} \cdot \left(+\frac{3}{7}\right)$ j) $\frac{3}{4} \cdot \left(-\frac{3}{7}\right)$ k) $-\frac{3}{4} \cdot \left(+\frac{3}{7}\right)$ l) $-\frac{3}{4} \cdot \left(-\frac{3}{7}\right)$

2 Ergänze die Rechenquadrate, indem du die Zahlen der ersten Spalte mit den Zahlen der ersten Reihe multiplizierst.

·	−7	3,5	$-\frac{1}{5}$
4			
−1,5			
$-\frac{1}{4}$			

·	9	$\frac{2}{5}$	−3,8
−12			
2,3			
$-\frac{3}{4}$			

RATIONALE ZAHLEN

3 Vervollständige die Rechenpyramide. Über zwei Steinen steht jeweils das Produkt zwischen der linken und der rechten Zahl.

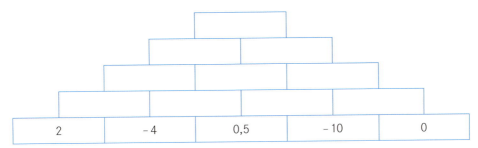

4 Acht rationale Zahlen werden miteinander multipliziert. Welches Vorzeichen hat das Ergebnis, wenn

a) sieben Zahlen positiv und eine negativ ist;
b) die Hälfte der Zahlen positiv und die andere Hälfte der Zahlen negativ ist;
c) alle Zahlen negativ sind;
d) die ersten drei Zahlen positiv und die letzten fünf Zahlen negativ sind?

Regel

Die Divisionsregeln für rationale Zahlen sind ähnlich zu den Multiplikationsregeln: Man dividiert zwei rationale Zahlen, indem man ihre Beträge dividiert und folgende Vorzeichenregeln beachtet.
(I) Bei gleichen Vorzeichen von Dividend und Divisor ist der Quotient positiv.
(II) Bei verschiedenen Vorzeichen von Dividend und Divisor ist der Quotient negativ.
Beispiele:
$(+27) : (+3) = +9$ $(-27) : (-3) = +9$
$(+27) : (-3) = -9$ $(-27) : (+3) = -9$

Divison durch Null?

Durch 0 kann man nicht dividieren. Der Term „$a : 0$" ist nicht definiert. Aber:
$0 : a = 0$ für $a \neq 0$.

3 RATIONALE ZAHLEN

5 Berechne die Quotienten.

a) $(+78):(+13)$ b) $(-78):(+13)$ c) $(+78):(-13)$ d) $(-78):(-13)$

e) $(+2{,}21):(-1{,}3)$ f) $(-2{,}21):(-1{,}3)$ g) $(+2{,}21):(+1{,}3)$ h) $(-2{,}21):(+1{,}3)$

i) $\frac{3}{4}:\left(+\frac{3}{7}\right)$ j) $\frac{3}{4}:\left(-\frac{3}{7}\right)$ k) $-\frac{3}{4}:\left(+\frac{3}{7}\right)$ l) $-\frac{3}{4}:\left(-\frac{3}{7}\right)$

6 Ergänze die Rechenquadrate, indem du die Zahlen der ersten Zeile durch die Zahlen der ersten Spalte dividierst.

:	–7	3,5	$-\frac{1}{5}$
4			
–1,5			
0			

:	9	$\frac{2}{5}$	0,3
–12			
2,3			
$-\frac{3}{4}$			

7 Fülle die Tabellen passend aus.

:	–640		
–8			
40		24	
32	–12		

:	–396		–432
–24			
		0	12
18			

8 Vervollständige die Rechenpyramide, indem du den entsprechenden Quotienten bildest.

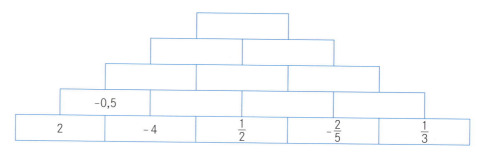

RATIONALE ZAHLEN

3.5 Rechenausdrücke mit rationalen Zahlen

Was du schon können musst:

Du solltest einigermaßen sicher die vier Grundrechenarten im Umgang mit den rationalen Zahlen beherrschen.

Darum geht es

Für die rationalen Zahlen gelten einige weitere wichtige Regeln und Gesetze. Diese helfen dir, Rechenvorteile zu nutzen.

Klammerregeln

Für alle rationalen Zahlen a, b und c gilt:
(I) $a + (b + c) = a + b + c$ (Auflösen von Plusklammern)
(II) $a - (b + c) = a - b - c$ (Auflösen von Minusklammern)
Beispiele:
(I) $13 + (17 + 14) = 13 + 17 + 14 = 44$
(II) $3,7 - (2,3 + 3,7) = 3,7 - 2,3 - 3,7 = -2,3$

Regel

Ein Minuszeichen vor der Klammer dreht beim Auflösen der Klammer die Vorzeichen in der Klammer um.
Beispiel: $-2,8 - (+3,2 - 2,8) = -2,8 - 3,2 + 2,8$

Regel

Distributivgesetz
Für alle rationalen Zahlen a, b und c gilt:
$$a \cdot (b + c) = a \cdot b + a \cdot c \qquad\qquad a \cdot (b - c) = a \cdot b - a \cdot c$$

Info

Wendet man die Gleichung von links nach rechts an, spricht man vom „Ausmultiplizieren". Die umgekehrte Umformung heißt „Ausklammern".

3 RATIONALE ZAHLEN

> **Beispiele**
>
> Ausmultiplizieren:
> $14 \cdot (2 + 100) = 14 \cdot 2 + 14 \cdot 100 = 28 + 1\,400 = 1\,428$
> $14 \cdot (2 - 100) = 14 \cdot 2 - 14 \cdot 100 = 28 - 1\,400 = -1\,372$
> Ausklammern:
> $-14 \cdot 29 - 14 \cdot 21 = -14 \cdot (29 + 21) = -14 \cdot 50 = -700$
> $14 \cdot 34 - 14 \cdot 44 = 14 \cdot (34 - 44) = 14 \cdot (-10) = -140$

> **Distributivgesetz der Division**
>
> Man kann auch das Distributivgesetz für die Division durch eine rationale Zahl benutzen. Dabei muss $c \neq 0$ sein. Dann gilt:
> $(a + b) : c = a : c + b : c$.
> Beispiel: $(-160 + 84) : 4 = (-160) : 4 + 84 : 4 = -40 + 21 = -19$.

1 Vereinfache.

a) $13 - (24 - 37)$

b) $-0,2 + (3,2 + 0,2 - 1,2)$

c) $1,2 + \left(0,6 - 2,8 + \dfrac{2}{7}\right)$

d) $\dfrac{1}{3} - \left(\dfrac{2}{5} + \dfrac{2}{3}\right)$

e) $(82 - 72) - [(47 + 59) - 86]$

f) $-2\dfrac{1}{3} - \left(-\dfrac{13}{3} + \dfrac{2}{5}\right)$

2 Berechne durch Ausmultiplizieren.

a) $15 \cdot (20 - 2)$

b) $(3,2 - 16) \cdot 0,5$

c) $\left(-\dfrac{1}{3}\right) \cdot (81 - 27)$

d) $12 \cdot \left(\dfrac{1}{4} - \dfrac{1}{6}\right)$

e) $(-1,6 + 0,05) \cdot (-5)$

f) $\left(-\dfrac{4}{3}\right) \cdot \left(\dfrac{15}{4} - 5\right)$

g) $\dfrac{5}{2} \cdot \left(\dfrac{3}{10} - \dfrac{1}{5}\right)$

h) $\left(0,4 - \dfrac{8}{15}\right) \cdot 1\dfrac{1}{4}$

3 Berechne durch Ausklammern.

a) $(-13) \cdot 16 + (-13) \cdot 4$

b) $14 \cdot (-27) + 14 \cdot 13$

c) $23 \cdot 0,9 - 0,9 \cdot 20$

d) $(-1,3) \cdot 4,8 - 1,3 \cdot 1,2$

e) $\dfrac{2}{3} \cdot (-4) - 7 \cdot \dfrac{2}{3}$

f) $\dfrac{3}{8} \cdot \dfrac{2}{3} - \dfrac{3}{8}$

4 Berechne.

a) $(42 + 56) : 14$

b) $(-1,8 - 5,4) : (-6)$

c) $2,5 \, (3,2 - 6,8 + 4,4)$

d) $(-24 + 16 - 48) \cdot \dfrac{1}{4}$

e) $-2 - \dfrac{3}{8} \cdot \left[\left(-\dfrac{4}{5}\right) - \dfrac{1}{5} \cdot \left(-\dfrac{3}{2}\right)\right]$

f) $\left(1 - \dfrac{1}{2} : 3\right) : \left(-\dfrac{1}{4}\right)$

RATIONALE ZAHLEN

5 Schreibe als Term und berechne.

a) Multipliziere die Summe von 38 und – 16 mit $\frac{1}{2}$.

b) Dividiere die Differenz von – 4,2 und 28,8 durch 0,4.

Test Kapitel 3

1 **Anordnung rationaler Zahlen** |10|

a) Ordne die Zahlen $\frac{3}{5}$; –1,5; $\frac{8}{6}$; 0, 7; – 2 nach der Größe.

b) Sortiere die Zahlen aus a) nach der Größe ihrer Beträge.

2 **Alter Römer** |10|

Der römische Kaiser Augustus lebte vom 23. 9. 63 v. Chr. bis zum 19. 8. 14 n. Chr.
Wie alt wurde Augustus? (Angabe in Jahren; Hinweis: Das Jahr 0 gibt es nicht.)

3 **Berechne.** |10|

a) $(+78) + (-15) - (-32) - (+110)$

b) $1\frac{3}{4} - \left(\frac{5}{7} - 1\frac{1}{4}\right) - \left(\frac{2}{7} + \frac{4}{9}\right)$

c) $17 - [(38 - (15 + 13 - 24)]$

d) $0 : \left(-\frac{1}{2}\right)$

e) $|-7| - |4 - 5|$

4 **Benutze das Distributivgesetz (Ausklammern bzw. Ausmultiplizieren)**
und berechne. |10|

a) $128 \cdot (-7) + (-7) \cdot (-28)$

b) $\frac{3}{4} \cdot (-2) + \frac{3}{4} \cdot \frac{4}{5}$

c) $(-0,4) \cdot (10 - 2)$

d) $12 \cdot \left(-\frac{1}{3} + \frac{7}{8}\right)$

5 **Entscheide, welches Vorzeichen der Term hat. Bei welchen Termen ist**
das Vorzeichen nicht eindeutig? |10|

a	b	c	$a \cdot b \cdot c$	$a - b - c$	$(a + b) : c$
+	+	–			
+	–	–			
–	–	–			

||50||

Wie viele Punkte hast du? Erreichst du mehr als 39 Punkte, beherrschst du den Inhalt des Kapitels wirklich
gut. Erreichst du weniger als 20 Punkte, dann solltest du dieses Kapitel wiederholen.

4 GEOMETRIE

4.1 Winkelbetrachtungen an Figuren

Was du schon können musst:

Du solltest einigermaßen sicher mit dem Winkelmesser umgehen können und wissen, was „parallel" bedeutet.

Darum geht es

Winkel spielen in der Geometrie eine große Rolle. Hier lernst du verschiedene Winkelbezeichnungen kennen und erfährst, wo diese auftreten.

Winkel an Geradenkreuzungen

Regel

Wenn sich zwei Geraden in der Ebene schneiden, so nennt man
- zwei gegenüberliegende Winkel **Scheitelwinkel**;
- zwei nebeneinanderliegende Winkel **Nebenwinkel**.

Anwendung:

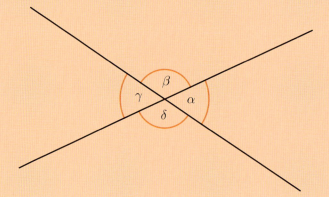

α und γ sowie β und δ sind Scheitelwinkel.
α und β, α und δ, β und γ sowie γ und δ sind Nebenwinkel.

GEOMETRIE

> **Regel**
>
> Scheitelwinkel sind gleich groß.
> Nebenwinkel ergänzen sich zu 180°.
> Beispiel: 51° + 129° = 180°

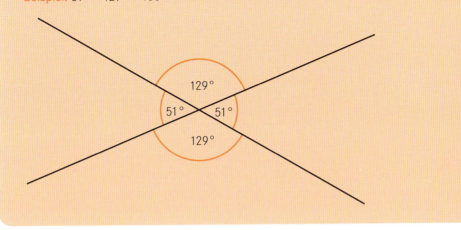

 Welche der Winkel sind Scheitelwinkel, welche Nebenwinkel?
Berechne die übrigen Winkelgrößen, wenn der Winkel α gegeben ist.

a) $\alpha_1 = 37°$
b) $\alpha_1 = 155°$
c) $\alpha_3 = 72°$
d) $\alpha_2 = 33°$
e) $\alpha_4 = 104°$

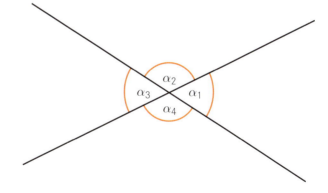

47

4 GEOMETRIE

2 Berechne alle Winkel, wenn 2 Winkel gegeben sind.

a) $\alpha = 26°$ und $\varepsilon = 97°$
b) $\gamma = 53°$ und $\delta = 94°$

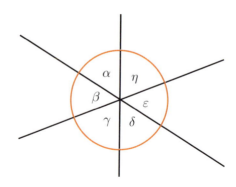

Winkel an Parallelen

Regel

Werden in der Ebene zwei parallele Geraden g_1 und g_2 von einer dritten Geraden h geschnitten, so unterscheidet man 8 Winkelfelder und dabei wiederum Stufenwinkel und Wechselwinkel.

Stufenwinkel sind: α_1 und β_1; α_2 und β_2; α_3 und β_3; α_4 und β_4.
Wechselwinkel sind: α_1 und β_3; α_2 und β_4; α_3 und β_1; α_4 und β_2.

$(g_1 \| g_2)$

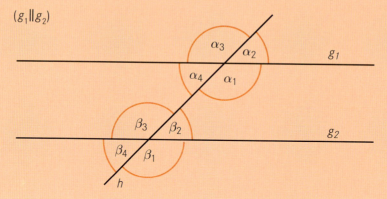

Info

Wechselwinkel „wechseln" die Seite der Schnittgeraden und die Seiten der geschnittenen Geraden. Zeichne zwei parallele Geraden, die von einer dritten Geraden geschnitten werden. Miss die Winkel, die dabei entstehen. Was stellst du fest?

GEOMETRIE

> **Regel**
>
> Stufenwinkel und Wechselwinkel an geschnittenen Parallelen sind gleich groß.
> Umgekehrt gilt:
> Sind an zwei Geraden Stufenwinkel bzw. Wechselwinkel gleich groß, dann sind die Geraden parallel zueinander.

3 Die Geraden g_1 und g_2 sind parallel. Berechne alle Winkel.

a) $\alpha_1 = 73°$,
b) $\beta_2 = 110°$.

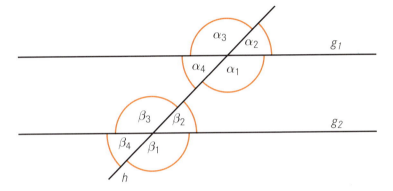

4 Sind die Geraden g_1 und g_2 zueinander parallel? Begründe deine Antwort.

a) $\alpha = 139°$ und $\beta = 41°$
b) $\alpha = 101°$ und $\beta = 80°$
c) $\gamma = 98°$ und $\beta = 82°$
d) $\delta = 12°$ und $\alpha = 88°$
e) $\alpha = \gamma = 110°$ und $\beta = \delta = 70°$
f) $\alpha = \beta = 30°$ und $\gamma = \delta$

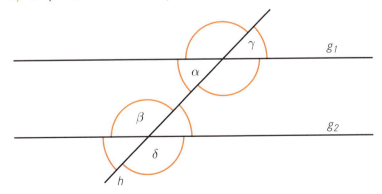

49

4 GEOMETRIE

Winkel in Dreieck und Viereck

Regel

Die Winkel in einem Dreieck heißen **Innenwinkel** des Dreiecks.
Verlängert man die Seiten eines Dreiecks zu Geraden, so erhält man Nebenwinkel zu den Innenwinkeln. Diese Nebenwinkel heißen **Außenwinkel** des Dreiecks.

Beispiel:
$α$, $β$ und $γ$ sind Innenwinkel des Dreiecks.
$α_1$, $β_1$ und $γ_1$ sowie $α_2$, $β_2$ und $γ_2$ sind Außenwinkel.

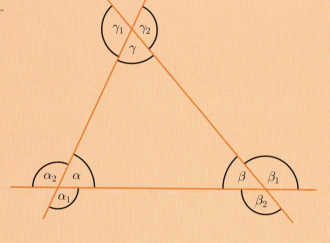

Winkelsumme im Dreieck

Zeichne ein beliebiges Dreieck und miss die entstehenden Innenwinkel.
Was kannst du über die Winkelsumme sagen?

Regel

Die Summe der Innenwinkel im Dreieck beträgt 180°:
$α + β + γ = 180°$.

5 Ergänze die Tabelle für die Innenwinkel $α$, $β$ und $γ$ und die Außenwinkel $α_1$, $β_1$ und $γ_1$.

	$α$	$β$	$γ$	$α_1$	$β_1$	$γ_1$
a)	113°	26°				
b)		69°		111°		
c)			107°		135°	
d)	65°					120°

GEOMETRIE

Winkelsumme im Viereck

Zeichne ein beliebiges Viereck und miss die entstandenen Innenwinkel.
Was kannst du über die Winkelsumme sagen?

Regel

Die Summe der Innenwinkel im Viereck beträgt 360°.

Berechne die fehlende Winkelgröße in diesem Viereck.
360° − 119° − 105° − 61° = 75°
Die fehlende Winkelgröße beträgt 75°.

6 Berechne die rot markierten Viereckswinkel.

a)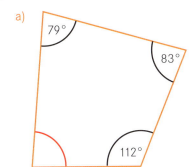

b)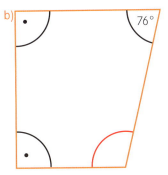

7 Innenwinkelsumme von Vielecken

Ein Schüler behauptet, dass sich die Innenwinkelsumme jedes n-Ecks nach der Formel $(n - 2) \cdot 180°$ berechnen lässt. Zeichne ein 5-Eck, 6-Eck … und überprüfe die Aussage. Berechne die Innenwinkelsumme für ein 28-Eck.

4 GEOMETRIE

4.2 Kongruenz und Kongruenzsätze

Was du schon können musst:

Du solltest einigermaßen sicher Winkel und Längen konstruieren können und wissen, wie die Bezeichnungen in einem Dreieck festgelegt sind. Außerdem solltest du wissen, was eine Mittelsenkrechte, Seitenhalbierende und Winkelhalbierende ist, und wie diese konstruiert werden.

Zur Erinnerung: Zwei Figuren heißen kongruent, wann man sie mit einer oder mehreren Achsenspiegelungen, Verschiebungen, Punktspiegelungen oder Drehungen aufeinander abbilden kann.

Darum geht es

Dreiecke konstruieren mithilfe von wenigen Angaben und entscheiden, ob die Dreiecke kongruent sind.

Kongruenzsatz SSS

Regel

Stimmen Dreiecke in allen drei Seiten überein, so sind sie zueinander kongruent.

Kongruent oder nicht?
Entscheide, ob die beiden Dreiecke ABC und PQR zueinander kongruent sind.
a) $\overline{AB}$ = 5 cm; $\overline{BC}$ = 4 cm; $\overline{AC}$ = 3 cm; $\overline{PQ}$ = 3 cm; $\overline{QR}$ = 5 cm; $\overline{PR}$ = 4 cm.
   Lösung: Die beiden Dreiecke ABC und PQR sind zueinander kongruent, weil $\overline{AB} = \overline{QR}$ und $\overline{BC} = \overline{PR}$ und $\overline{AC} = \overline{PQ}$.
b) $\overline{AB}$ = 5 cm; $\overline{BC}$ = 4 cm; $\overline{AC}$ = 3 cm; $\overline{PQ}$ = 3 cm; $\overline{QR}$ = 5 cm; $\overline{PR}$ = 7 cm
   Lösung: Die beiden Dreiecke sind nicht kongruent zueinander, weil $\overline{BC}$ = 4 cm und das Dreieck PQR keine Seite mit der Länge 4 cm besitzt.

Dreieckskonstruktion SSS

▶ Gegeben sind die drei Seiten $\overline{AB}$ = 5 cm; $\overline{BC}$ = 4 cm; $\overline{AC}$ = 3 cm.
▶ Skizziere zuerst ein beliebiges Dreieck. Ein solches Dreieck nennen wir fortan **Planfigur.** Die Planfigur hilft dir, bei der Konstruktion einen besseren Überblick zu behalten.
▶ Markiere farbig in die Planfigur, welche Angaben gegeben sind. In diesem Fall sind es die drei Dreieckseiten.

GEOMETRIE

Planfigur SSS

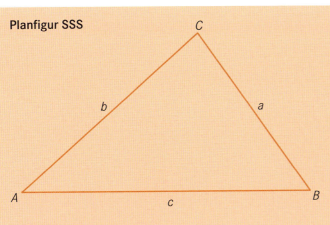

Konstruktionsbeschreibung:
(1) Zeichne die Strecke $\overline{AB}$. (2) Schlage einen Kreisbogen um B mit dem Radius von $\overline{BC}$. (3) Schlage einen Kreisbogen um A mit der Länge von $\overline{AC}$. (4) Markiere den Schnittpunkt als Punkt C. (5) Verbinde die Eckpunkte des Dreiecks.

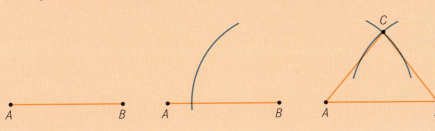

1 Konstruiere das Dreieck und miss die Größe der entstandenen Winkel.

a) $\overline{AB}$ = 6 cm; $\overline{BC}$ = 4 cm; $\overline{AC}$ = 3 cm
b) $\overline{AB}$ = 5 cm; $\overline{BC}$ = 4,5 cm; $\overline{AC}$ = 3,3 cm
c) $\overline{PQ}$ = 3,5 cm; $\overline{QR}$ = 5,4 cm; $\overline{PR}$ = 0,4 dm
d) a = 7 cm; b = 4,8 cm; c = 5,5 cm
e) a = 0,3 dm; b = 65 mm; c = 4 cm

2 Entscheide, ob die beiden Dreiecke ABC und PQR zueinander kongruent sind.

a) $\overline{AB}$ = 6 cm; $\overline{BC}$ = 4 cm; $\overline{AC}$ = 3 cm; $\overline{PQ}$ = 3 cm; $\overline{QR}$ = 5 cm; $\overline{PR}$ = 6 cm
b) $\overline{AB}$ = 5 cm; $\overline{BC}$ = 7,2 cm; $\overline{AC}$ = 3 cm; $\overline{PQ}$ = 3 cm; $\overline{QR}$ = 5 cm; $\overline{PR}$ = 7,2 cm

4 GEOMETRIE

3 Zeichne die Dreiecke auf Karopapier und notiere, welche Dreiecke zueinander kongruent sind.

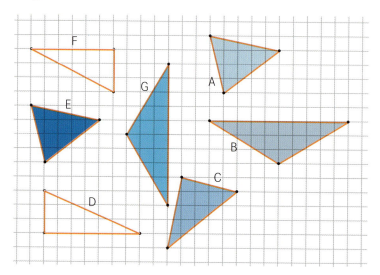

4 **Wie hoch ist das Haus?**

Ein Haus hat eine Breite von 8 Metern. Bis zum Beginn der Dachschräge ist es 4 Meter hoch. Welche Höhe hat das Haus insgesamt? Erstelle dazu eine Zeichnung in einem geeigneten Maßstab und miss die Höhe.

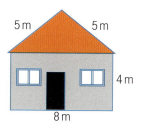

Unmögliche Konstruktionen

Es lässt sich nicht immer aus drei Längenangaben automatisch ein Dreieck konstruieren. Die folgende Regel hilft zu entscheiden, wann eine Konstruktion möglich ist.

Dreiecksungleichung

In jedem Dreieck ist die Summe je zweier Seitenlängen stets größer als die dritte Seitenlänge. Es gilt:

$a + b > c$ $\qquad a + c > b$ $\qquad b + c > a$.

GEOMETRIE

Anwendung der Dreiecksungleichung

Entscheide, ob das Dreieck ABC mit den gegebenen Angaben konstruierbar ist.

a) $a = 5$ cm; $b = 3$ cm; $c = 3,5$ cm

Lösung: 5 cm + 3 cm > 3,5 cm;   5 cm + 3,5 cm > 3 cm;   3 cm + 3,5 cm > 5 cm.

Alle drei Ungleichungen sind erfüllt, also ist das Dreieck konstruierbar.

b) $a = 2,5$ cm; $b = 5,8$ cm; $c = 3,2$ cm

Lösung: 2,5 cm + 5,8 cm > 3,2 cm   aber: 2,5 cm + 3,2 cm < 5,8 cm

Aus den Angaben lässt sich kein Dreieck konstruieren.

5 Konstruiere aus den gegebenen Seitenlängen ein Dreieck.
Prüfe zunächst, ob die Konstruktion möglich ist.

a) $a = 8$ cm; $b = 3$ cm; $c = 4,5$ cm

b) $a = 4,5$ cm; $b = 3,8$ cm; $c = 70$ mm

c) $\overline{AB} = 6$ cm; $\overline{BC} = 4,5$ cm; $\overline{AC} = 3,5$ cm

d) $\overline{AB} = 7$ cm; $\overline{BC} = 4$ cm; $\overline{AC} = 3$ dm

Kongruenzsatz WSW

Regel

Stimmen zwei Dreiecke in einer Seite und den beiden Winkeln an dieser Seite überein, so sind sie kongruent zueinander.

Kongruent oder nicht?

Entscheide, ob die beiden Dreiecke ABC und $A'B'C'$ zueinander kongruent sind.

a) $\overline{AB} = 6$ cm; $\alpha = 45°$; $\beta = 50°$ und $\overline{A'B'} = 6$ cm; $\alpha' = 45°$; $\beta' = 55°$.

Lösung: Die beiden Dreiecke sind nicht kongruent zueinander, weil $\beta \neq \beta'$.

b) $a = 5$ cm; $\beta = 15°$; $\gamma = 110°$ und $a' = 5$ cm; $\beta' = 15°$; $\gamma' = 110°$.

Lösung: Die beiden Dreiecke ABC und $A'B'C'$ sind zueinander kongruent, weil sie in einer Seite und zwei anliegenden Winkeln übereinstimmen.

Dreieckskonstruktion WSW

Gegeben sind: $\overline{AB} = 5$ cm; $\alpha = 45°$; $\beta = 50°$.

▶ Skizziere zuerst ein beliebiges Dreieck.

▶ Markiere farbig in die Planfigur, welche Angaben gegeben sind. In diesem Fall sind es die Dreieckseite $\overline{AB}$ und die Winkel α und β.

4 GEOMETRIE

Planfigur WSW

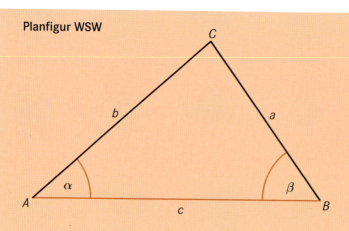

Konstruktionsbeschreibung:
(1) Zeichne die Strecke $\overline{AB}$. (2) Trage den Winkel α an Punkt A an. (3) Trage den Winkel β an Punkt B an. (4) Verlängere die beiden angetragenen Schenkel der Winkel α und β bis diese sich schneiden. Dort liegt Punkt C.

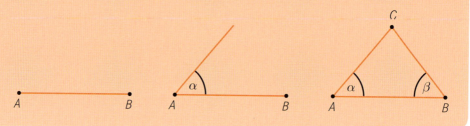

Info

Der Kongruenzsatz WSW lässt sich auch verallgemeinern. Stimmen zwei Dreiecke in einer Seite und zwei gleich liegenden Winkeln überein, so sind sie kongruent zueinander. Der dritte fehlende Winkel kann über die Winkelsumme des Dreiecks ausgerechnet werden. (SWW)

Beispiel:
Gegeben sind: $\overline{AB}$ = 5 cm; α = 45°; γ = 50°.
β = 180° − 45° − 55° = 80°
Damit lässt sich das Dreieck eindeutig konstruieren.

GEOMETRIE

6 Entscheide, ob die beiden Dreiecke *ABC* und *A'B'C'* zueinander kongruent sind.

a) $\overline{AB}$ = 4,5 cm; α = 45°; β = 85° und $\overline{A'B'}$ = 4,5 cm; α' = 45°; β' = 85°
b) a = 5 cm; α = 55°, β = 15°; und a' = 5 cm; β' = 15°; γ' = 110°
c) $\overline{BC}$ = 6,3 cm; α = 45°; β = 85° und $\overline{B'C'}$ = 6,5 cm; α' = 45°; β' = 85°
d) c = 2,5 cm; α = 25°; β = 57° und b' = 2,5 cm; α = 25°; β = 57°

7 Ergänze die Tabelle so, dass die Dreiecke alle zueinander kongruent sind.

Dreieck	Seite	Winkel	Winkel
ABC	$\overline{AB}$ = 5,7 cm	α =	β = 40°
A'B'C'	$\overline{B'C'}$ = 5,7 cm	β' = 55°	γ' =
A''B''C''	$\overline{A''B''}$ = 5,7 cm	α'' =	γ'' = 85°

8 Konstruiere ein Dreieck mit folgenden Angaben. Erstelle zuerst eine Planfigur.

a) c = 5 cm; α = 60°; β = 40°
b) $\overline{BC}$ = 6,3 cm; β = 35°; γ = 100°
c) a = 5,5 cm; α = 55°; β = 44°
d) $\overline{AB}$ = 8 cm; α = 90°; β = 27°

9 Ein Turm als Dreiecksseite

Ein Betrachter steht 60 Meter von einem Turm entfernt und sieht die Turmspitze unter einem Winkel von 35°. Wie hoch ist der Turm, wenn der Betrachter aus einer Höhe von 1,70 m den Turm anschaut. Konstruiere ein Dreieck *ABC* in einem geeigneten Maßstab.

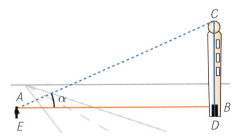

10 Drachensteigen

Wie hoch kann man einen Drachen steigen lassen, wenn die Drachenschnur 50 m lang ist und der Winkel 65° beträgt? Fertige eine Zeichnung an.

4 GEOMETRIE

Kongruenzsatz SWS

Regel

Stimmen zwei Dreiecke in zwei Seiten und dem eingeschlossenen Winkel überein, so sind sie zueinander kongruent.

Kongruent oder nicht?
Entscheide, ob die beiden Dreiecke ABC und A'B'C' zueinander kongruent sind.
a) $\overline{AB}$ = 6 cm; $\overline{BC}$ = 4 cm; β = 50° und A'B' = 6 cm; B'C' = 4 cm; β' = 50°
   Lösung: Die beiden Dreiecke ABC und A'B'C' sind zueinander kongruent, weil sie in zwei Seiten und dem eingeschlossenen Winkel übereinstimmen.
b) a = 5 cm; c = 7,2 cm; β = 77° und a' = 5,5 cm; c' = 7,2 cm; β' = 77°
   Lösung: Die beiden Dreiecke sind nicht zueinander kongruent, da $a \neq a'$.

Dreieckskonstruktion SWS

Konstruktion eines Dreiecks, wenn zwei Seiten und der eingeschlossene Winkel gegeben sind.
Gegeben sind: $\overline{AB}$ = 5 cm; $\overline{AC}$ = 4,5 cm; α = 40°
▶ Skizziere zuerst ein beliebiges Dreieck.
▶ Markiere farbig in die Planfigur, welche Angaben gegeben sind. In diesem Fall sind es die Dreiecksseiten $\overline{AB}$ und $\overline{AC}$ und der Winkel α.

Planfigur SWS

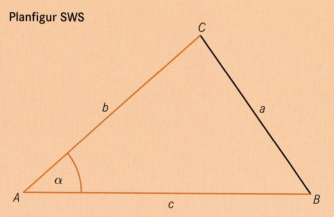

Konstruktionsbeschreibung:
(1) Zeichne die Strecke $\overline{AB}$. (2) Trage den Winkel α an Punkt A an. (3) Schlage mit dem Zirkel einen Kreisbogen um Punkt A mit dem Radius der Länge von b. (4) Markiere den Schnittpunkt als Punkt C. (5) Verbinde Punkt C mit dem Eckpunkt B.

GEOMETRIE

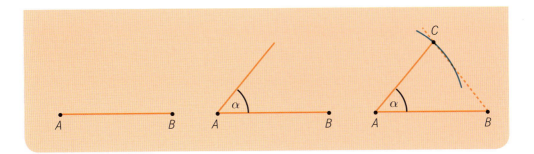

11 Entscheide, ob die beiden Dreiecke *ABC* und *A'B'C'* zueinander kongruent sind.

a) $\overline{AB}$ = 6 cm; $\overline{BC}$ = 4 cm; β = 50° und $A'B'$ = 4 cm; $B'C'$ = 6 cm; β' = 50°
b) a = 5,5 cm; c = 7 cm; β = 57° und a' = 5,5 cm; c' = 7 cm; β' = 57°

12 Ergänze die Tabelle so, dass die Dreiecke alle zueinander kongruent sind.

Dreieck	Seite	Seite	Winkel
ABC	$\overline{AB}$ = 3,9 cm		β = 40°
A'B'C'		$\overline{A'C'}$ = 4,3 cm	γ' = 40°
A''B''C''	$\overline{A''B''}$ = 4,3 cm	$\overline{A''C''}$ = 3,9 cm	

13 Konstruiere ein Dreieck mit folgenden Angaben. Erstelle zuerst eine Planfigur.

a) a = 7 cm; c = 5 cm; β = 40°
b) $\overline{AB}$ = 4,5 cm; $\overline{BC}$ = 6 cm; β = 105°
c) b = 5,5 cm; c = 3,8 cm; α = 55°
d) $\overline{AC}$ = 44 mm; $\overline{BC}$ = 6,3 cm; γ = 57°

14 Konstruiere ein gleichschenkliges Dreieck *ABC* mit dem Winkel γ an der Spitze.

a) γ = 120°, Schenkellänge: 4 cm
b) γ = 55°, Schenkellänge: 5,5 cm

15 **Langer Schatten**
Ein 6 m hoher Baum wirft einen 5 m langen Schatten. Unter welchem Winkel trifft das Sonnenlicht den Boden?

Schatten

4 GEOMETRIE

Kongruenzsatz SSW

Regel

Stimmen Dreiecke in zwei Seiten und dem Gegenwinkel der größeren Seite überein, so sind sie kongruent zueinander.

Kongruent oder nicht?

Entscheide, ob die beiden Dreiecke ABC und A'B'C' zueinander kongruent sind.

a) $\overline{AB}$ = 6 cm; $\overline{BC}$ = 4 cm; γ = 50° und $\overline{A'B'}$ = 6 cm; $\overline{B'C'}$ = 4 cm; γ' = 50°
Lösung: Die beiden Dreiecke ABC und A'B'C' sind zueinander kongruent, weil sie in zwei Seiten übereinstimmen und der gegebene Winkel der längeren Seite gegenüberliegt.

b) a = 5 cm; c = 4,2 cm; α = 77° und a' = 5,5 cm; c' = 4, 2 cm; α' = 77°
Lösung: Die beiden Dreiecke sind nicht zueinander kongruent, da $a \neq a'$.

Dreieckskonstruktion SSW

Konstruktion eines Dreiecks, wenn zwei Seiten und der Gegenwinkel der größeren Seite gegeben sind.
Gegeben sind: $\overline{AC}$ = 4,5 cm; $\overline{BC}$ = 5 cm; α = 40°
▶ Skizziere zuerst ein beliebiges Dreieck.
▶ Markiere farbig in die Planfigur, welche Angaben gegeben sind. In diesem Fall sind es die Dreiecksseiten $\overline{AC}$ und $\overline{BC}$ und der Winkel α.

Planfigur SSW

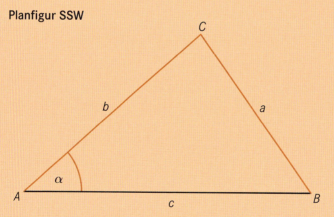

Konstruktionsbeschreibung:
(1) Trage den Winkel α an Punkt A an. (2) Trage mit dem Zirkel die Länge der Strecke $\overline{AC}$ ab und markiere den Punkt C. (3) Schlage um Punkt C einen Kreisbogen mit der Länge der Strecke $\overline{BC}$. (4) Markiere den Schnittpunkt mit dem Schenkel des Winkels α. Dort liegt Punkt B. (5) Verbinde Punkt B mit Punkt C.

GEOMETRIE

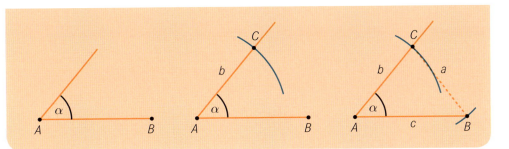

Info

Konstruiere ein Dreieck ABC mit folgenden Angaben: b = 5 cm; a = 4 cm und α = 30°. Was stellst du bei der Konstruktion fest?

Dreiecke, die aus zwei gegebenen Seiten und dem Winkel konstruiert werden, welcher der kürzeren Seite gegenüberliegt, sind nicht kongruent. Die Konstruktion ist dann nicht eindeutig.

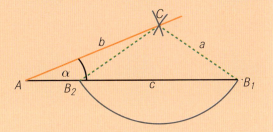

16 Entscheide, ob die beiden Dreiecke ABC und A'B'C' zueinander kongruent sind.

a) $\overline{AC}$ = 6 cm; $\overline{BC}$ = 4,7 cm; γ = 80° und $\overline{A'B'}$ = 4,7 cm; $\overline{B'C'}$ = 6 cm; γ' = 80°
b) a = 5,5 cm; c = 7 cm; α = 57° und a' = 5,5 cm; c' = 7 cm; α' = 57
c) $\overline{AB}$ = 5 cm; $\overline{BC}$ = 3,6 cm; α = 80° und $\overline{A'B'}$ = 5 cm; $\overline{B'C'}$ = 3,6 cm; α' = 80°

17 Konstruiere die Dreiecke ABC aus den gegebenen Größen. Erstelle zuvor eine Planfigur und entscheide, ob die Konstruktion eindeutig möglich ist.

a) a = 8 cm; α = 45°; c = 4 cm
b) b = 8 cm; a = 7 cm; β = 75°
c) $\overline{AB}$ = 4 cm; $\overline{BC}$ = 6 cm; γ = 40°
d) $\overline{AC}$ = 68 mm; $\overline{BC}$ = 6,6 cm; β = 60°

18 **Tunnelbau**
Von A nach B soll ein Straßentunnel gebaut werden. Die Längen von A nach C und von B nach C sind bekannt. Konstruiere im Maßstab 1 : 100 000 das Dreieck ABC und bestimme die Länge des Tunnels.

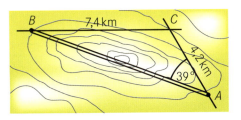

4 GEOMETRIE

4.3 Konstruktion von Vierecken

Was du schon können musst:

Du solltest einigermaßen sicher mit den Kongruenzsätzen umgehen können und die entsprechenden Konstruktionen beherrschen.

Darum geht es

Vierecke spielen neben Dreiecken eine wichtige Rolle. Sicherlich ist dir bei Fachwerkhäusern aufgefallen, dass die Balken häufig eine Dreiecks- oder Vierecksform bilden. Eine besondere Rolle spielen Vierecke mit bestimmten Eigenschaften, wie beispielsweise das Parallelogramm oder das Trapez. Hier erfährst du, unter welchen Bedingungen Vierecke eindeutig konstruierbar sind.

Regel

Zur eindeutigen Konstruktion eines Vierecks sind fünf geeignete Angaben notwendig.

Viereckskonstruktion

Konstruiere ein Viereck mit folgenden Angaben:
$\overline{AC} = 5\,\text{cm}$; $\angle ACB = 35°$; $\angle BAC = 85°$; $\angle CAD = 65°$ und $\angle ADC = 70°$

Zeichne eine Planfigur, in der du alle dir bekannten Angaben markierst, bevor du mit der Konstruktion beginnst.

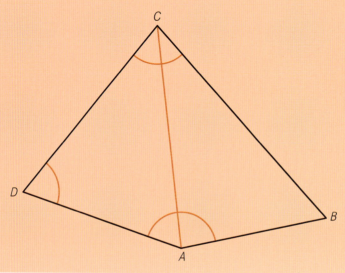

62

GEOMETRIE

> **Info**
>
> Die Aufgabe lässt sich auf die Kongruenzsätze zurückführen. Das Viereck kannst du in zwei Teildreiecke unterteilen: das Dreieck ABC und das Dreieck ACD. Zeichne zuerst die Strecke $\overline{AC}$. Danach konstruiere die Teildreiecke ABC und ACD mithilfe des Kongruenzsatzes WSW.

1 Konstruiere ein Viereck ABCD mit nachfolgenden Angaben. Zeichne zuerst eine Planfigur.

a) $\overline{AB}$ = 4 cm; $\overline{BC}$ = 3,5 cm; $\overline{CD}$ = 2,5 cm; $\overline{AD}$ = 5,5 cm; $\overline{AC}$ = 5 cm
b) $\overline{AC}$ = 5,5 cm; ∢ACB = 35°; ∢BAC = 75°; ∢CAD = 65° und ∢ADC = 50°
c) $\overline{AB}$ = 6 cm; $\overline{BC}$ = 3 cm; $\overline{CD}$ = 2,5 cm; ∢CBA = 110°; ∢DCA = 45°;

> **Spezielle Vierecke**
>
> Bei speziellen Vierecken kann man auch mit weniger als fünf Angaben auskommen.
> Beispiele:
> Parallelogramm   Achsensymmetrisches Trapez

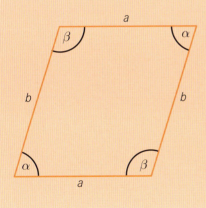
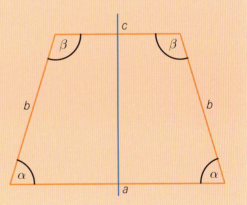

2 Konstruiere ein Parallelogramm mit folgenden Angaben.

a) a = 7 cm; b = 3,5 cm; α = 65°
b) a = 5,5 cm; b = 4 cm; β = 120°

3 Konstruiere ein achsensymmetrisches Trapez (a∥c) mit folgenden Angaben.

a) a = 5 cm; b = 3 cm; α = 45°
b) b = 4,5 cm; c = 3 cm; β = 110°

4 GEOMETRIE

4 Begründe mithilfe der Kongruenzsätze, welche Teildreiecke in den abgebildeten Vierecken zueinander kongruent sind.

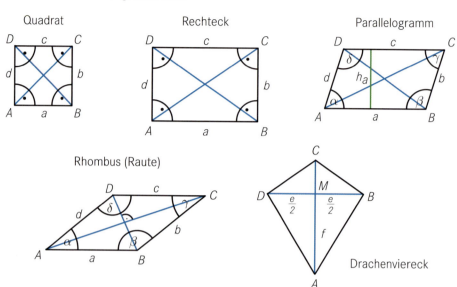

4.4 Besondere Linien im Dreieck

Was du schon können musst:

Die **Höhe** in einem Dreieck ist eine Strecke, die senkrecht auf einer Seite steht und durch den gegenüberliegenden Punkt verläuft.
Die **Seitenhalbierende** in einem Dreieck ist eine Strecke, die den Mittelpunkt einer Dreiecksseite mit dem gegenüberliegenden Punkt verbindet.
Die **Winkelhalbierende** in einem Dreieck ist eine Gerade, die durch den Scheitel verläuft und den Winkel halbiert.
Präge dir die Eigenschaften von Winkelhalbierende w_α, Seitenhalbierende s_b und Höhe h_c durch folgendes Bild ein (siehe nächste Seite):

GEOMETRIE

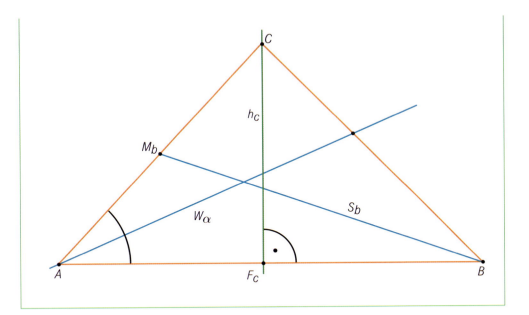

Darum geht es

Mit den Kongruenzsätzen kannst du anhand von Winkelmaßen und Seitenlängen entscheiden, ob ein Dreieck konstruierbar ist. Es gibt noch weitere Linien am Dreieck, die besondere Eigenschaften besitzen und mit deren Angabe sich auch Dreiecke konstruieren lassen. Hier lernst du diese Eigenschaften kennen.

1 Konstruiere ein Dreieck *ABC* mit folgenden Angaben. Erstelle zunächst eine Planfigur.

a) $\overline{AC} = 6$ cm; $\alpha = 80°$; $w_\alpha = 5{,}5$ cm
b) $\overline{AC} = 5{,}5$ cm; $\overline{BC} = 4{,}5$ cm; $s_b = 4{,}7$ cm
c) $\overline{AB} = 4$ cm; $\overline{BC} = 3{,}5$ cm; $h_c = 3{,}3$ cm
d) $h_c = 4$ cm; $s_c = 4{,}2$ cm; $a = 6$ cm
e) $\beta = 50°$; $\gamma = 45°$; $w_\beta = 5{,}8$ cm

4 GEOMETRIE

4.4.1 Umkreis – Konstruktion der Mittelsenkrechten

Regel

In jedem Dreieck schneiden sich die Mittelsenkrechten der drei Dreiecksseiten in einem Punkt U. Dieser Punkt hat von allen drei Ecken des Dreiecks den gleichen Abstand. Man nennt ihn den Umkreismittelpunkt.

① Konstruiere bei den folgenden Dreiecken den Umkreis.

	$\overline{AB}$	$\overline{BC}$	$\overline{AC}$	α	β	γ
a)	6,2 cm		5,4 cm	55°		
b)		5,5 cm	7 cm		45°	
c)	7 cm	6 cm	5 cm			
d)	6 cm	4 cm				90°

② Konstruiere ein Dreieck ABC mit dem Umkreisradius $r = 4$ cm.

a) $c = 4$ cm; $b = 5$ cm
b) $c = 6$ cm; $\alpha = 65°$

66

GEOMETRIE

3) Umkreismittelpunkt
Zeichne a) ein spitzwinkliges, b) ein rechtwinkliges, c) ein stumpfwinkliges Dreieck und konstruiere den Umkreis. Wo liegt der Umkreismittelpunkt U?

4) Kreis und Dreieck
Zeichne die Punkte $A(0|0)$; $B(6|2)$ und $C(5|7)$. Konstruiere einen Kreis, der durch drei Punkte geht. Wo liegt U?

5) Eisiges Depot
In der Antarktis befinden sich die Forschungsstationen A, B und C. Für ihre Entfernungen gilt $|AB| = 8$ km; $|BC| = 7{,}5$ km; $|AC| = 9$ km. Es soll ein Verpflegungsdepot angelegt werden, von dem aus die drei Stationen versorgt werden können. Das Depot soll von den Stationen gleich weit entfernt sein. Bestimme diese Entfernung.

4.4.2 Inkreis – Konstruktion der Winkelhalbierenden

Regel

In jedem Dreieck schneiden sich die Winkelhalbierenden der drei Innenwinkel in einem Punkt I. Dieser Punkt hat von allen drei Seiten des Dreiecks den gleichen Abstand. Man nennt ihn den Inkreismittelpunkt des Dreiecks.

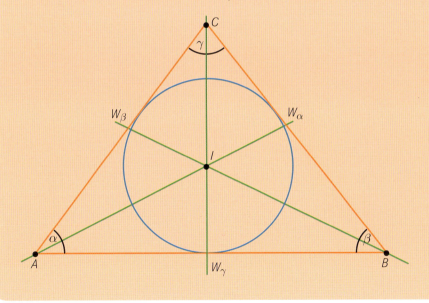

4 GEOMETRIE

Inkreisradius

Um den Radius des Inkreises zu bestimmen, ermittelst du den senkrechten Abstand von I zu $\overline{AB}$ mit dem Geodreieck oder durch Fällen des Lotes.

1 Konstruiere bei den folgenden Dreiecken den Inkreis.

	$\overline{AB}$	$\overline{BC}$	$\overline{AC}$	α	β	γ
a)	6,8 cm			48°	57°	
b)	8,1 cm		4,5 cm	55°		
c)	7,2 cm	5 cm	6,5 cm			
d)	4 cm	6,5 cm		125°		

2 Bei welchem Dreieck fallen der Umkreismittelpunkt U und der Inkreismittelpunkt I zusammen?

4.4.3 Schwerpunkt – Konstruktion der Seitenhalbierenden

Regel

In jedem Dreieck schneiden sich die Seitenhalbierenden in einem Punkt S. Dieser Punkt teilt jede Seitenhalbierende in zwei Teilstrecken, von denen eine doppelt so lang ist wie die andere. Man nennt den Punkt S Schwerpunkt des Dreiecks.

1) Der Schwerpunkt
Schneide aus Pappe ein großes Dreieck. Ermittle durch Konstruktion den Schwerpunkt. Überprüfe diesen, indem du das Dreieck auf der Zirkelspitze balancierst.

2)
Konstruiere die Seitenhalbierenden im Dreieck ABC mit A(1|1); B(7|2); C(0|7). Gib die Koordinaten des Schwerpunktes näherungsweise an.

4.4.4 Höhen im Dreieck

> **Regel**
>
> In jedem Dreieck schneiden sich die drei Höhen oder deren Verlängerungen in einem Punkt H.
>
> **Höhen im spitz- und stumpfwinkligen Dreieck**
> spitzwinkliges Dreieck
>
>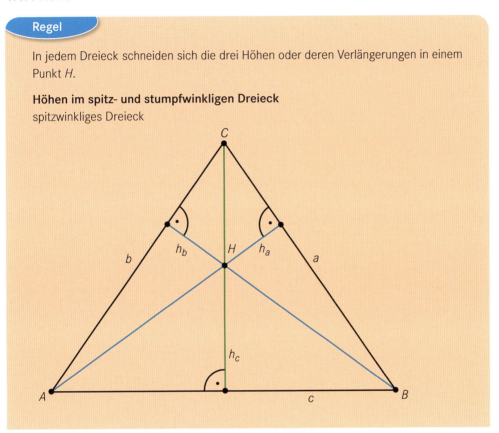

4 GEOMETRIE

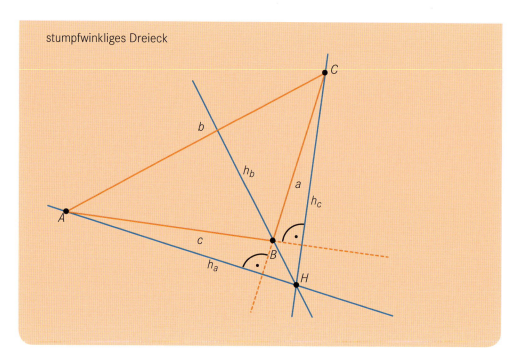

stumpfwinkliges Dreieck

1) In welchem Punkt schneiden sich die Höhen bei einem rechtwinkligen Dreieck?

2) **Höhen im gleichseitigen Dreieck**
Konstruiere ein gleichseitiges Dreieck *ABC* mit h_c = 3,5 cm. Zeichne alle Höhen ein und miss sie. Was kannst du über ihre Länge sagen?

GEOMETRIE

Test Kapitel 4

1) Trage in die Figur alle fehlenden Winkelgrößen ein ($g \parallel h$). |10|

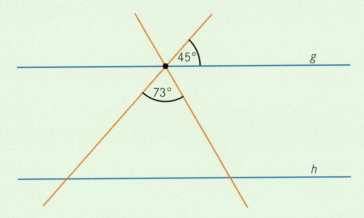

2) **Kongruenzsätze am Dreieck** |10|
Konstruiere ein Dreieck ABC. Gib jeweils, wenn möglich, einen Kongruenzsatz an.

a) $a = 8$ cm; $b = 6$ cm; $c = 9$ cm b) $a = 5,7$ cm; $b = 5$ cm; $\beta = 53°$

3) **Viereckskonstruktion** |10|
Konstruiere ein Viereck ABCD mit $\overline{AC} = 5$ cm; ∢ ABC = 35°; ∢ CAD = 65°;
∢ ADC = 70°; und ∢ BAC = 85°.

4) **Kongruenzen und Vielecke** |10|

a) Warum gibt es keinen Kongruenzsatz WWW?
b) Welches regelmäßige n-Eck hat die Innenwinkelsumme 1 620°?
c) Überprüfe, ob es ein Dreieck mit den angegebenen Seitenlängen gibt, ohne es zu konstruieren.
  (I) 3,5 cm; 2 cm; 4 cm   (II) 5,3 cm; 4,2 cm; 10,1 cm

5) **Umkreis und Inkreis** |10|

a) Konstruiere ein Dreieck ABC mit dem Umkreisradius $r = 3$ cm; $a = 4$ cm und $b = 4,5$ cm.
b) Konstruiere ein Dreieck ABC und seinen Inkreis mit $b = 8$ cm; $c = 5,5$ cm und $h_b = 5$ cm.

||50||

Wie viele Punkte hast du? Erreichst du mehr als 39 Punkte, beherrschst du den Inhalt des Kapitels wirklich gut. Erreichst du weniger als 20 Punkte, dann solltest du dieses Kapitel wiederholen.

5 KREIS

5.1 Kreis und Gerade

Was du schon können musst:

Du solltest die Bezeichnung von verschiedenen Strecken am Kreis kennen (Radius, Durchmesser, Sehne).

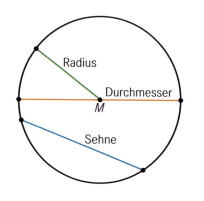

Darum geht es

Kreise und Geraden können verschieden zueinander liegen. Hier erfährst du, welche unterschiedlichen Lagen und Bezeichnungen es gibt und was bei Konstruktionen zu beachten ist.

Regel

Eine Gerade heißt **Tangente,** wenn sie genau einen Punkt mit dem Kreis gemeinsam hat. Dieser Punkt heißt **Berührpunkt** der Tangente.
Eine Gerade heißt **Sekante** des Kreises, wenn sie den Kreis in zwei Punkten schneidet.
Eine Gerade heißt **Passante,** wenn sie keinen Punkt mit dem Kreis gemeinsam hat.

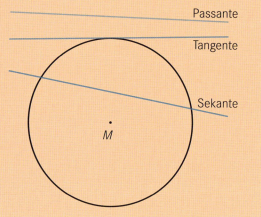

KREIS

Regel

Die Tangente, die einen Kreis mit dem Mittelpunkt M im Punkt P berührt, ist orthogonal zum Berührradius $\overline{MP}$.

Konstruktion einer Tangente an den Kreis:

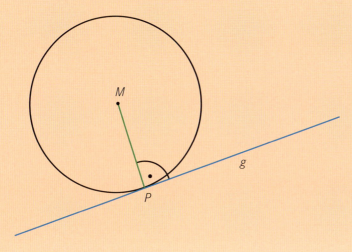

① Konstruiere einen Kreis, der die Gerade g im Punkt B berührt. Gibt es mehrere Konstruktionsmöglichkeiten?

② Zeichne einen Kreis K um M mit dem Radius r = 3 cm (r = 2,5 cm).
Wähle einen beliebigen Punkt B auf K. Konstruiere zunächst die Tagente.
Konstruiere danach zwei Sekanten, die senkrecht zueinander stehen.

③ Zeichne einen Kreis, der die Gerade durch die angegebenen Punkte als Tangente hat: $P_1(2|2)$, $P_2(4|4)$.

5 KREIS

5.2 Thaleskreis

Was du schon können musst:

Kreise und Dreiecke konstruieren.

Darum geht es

Der griechische Mathematiker und Philosoph Thales von Milet machte um 600 v. Chr. einen Satz bekannt, der etwas über den Zusammenhang von rechwinkligen Dreiecken und Kreisen besagt. Hier erfährst du, wie er lautet und bei welchen Konstruktionen er hilfreich ist.

Regel

Zu jeder Strecke $\overline{AB}$ mit dem Mittelpunkt M kann man einen Kreis zeichnen, der M als Mittelpunkt hat und durch die Punkte A und B geht.
Dieser Kreis heißt Thaleskreis der Strecke $\overline{AB}$.

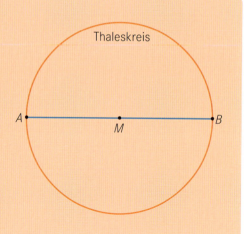

KREIS

Winkel im Thaleskreis

Zeichne einen Kreis mit dem Durchmesser $\overline{AB}$ (wie im Bild) und trage verschiedene Punkte C auf dem Kreisrand ein. Miss die Winkel γ_1, γ_2, γ_3.

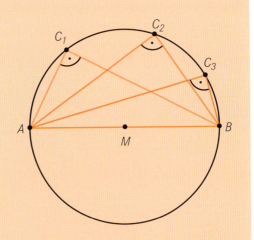

Satz des Thales

Wenn ein Punkt C auf dem Thaleskreis über der Strecke $\overline{AB}$ liegt, dann hat das Dreieck ABC einen rechten Winkel.

Umkehrung:
Wenn von einem Punkt C aus die Strecken zu den Endpunkten einer Strecke $\overline{AB}$ einen rechten Winkel bilden, dann liegt der Punkt C auf dem Thaleskreis der Strecke.

1 Konstruiere mithilfe des Thalessatzes rechtwinklige Dreiecke (γ = 90°).

a) c = 4 cm; b = 2 cm
b) c = 8 cm; α = 60°
c) c = 7 cm; h_c = 3 cm
d) c = 7 cm; a = 3 cm

2 Bestimme jeweils die fehlenden drei Winkelgrößen.

a) α = 63°
b) β = 23°
c) γ_1 = 55°
d) γ_2 = 47°

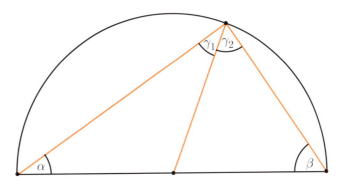

5 KREIS

5.3 Berechnungen am Kreis

Was du schon können musst:

Du solltest die Begriffe Durchmesser und Radius kennen und anwenden können und wissen, dass der Mittelpunktswinkel eines Kreises 360° beträgt.

Darum geht es

Kreise gehören in unserem Alltag zu einer sehr häufig vorkommenden Flächenform: Knöpfe, Untersetzer, Uhren, um nur einige Beispiele zu nennen. Hier lernst du Umfang und Flächeninhalt eines Kreises zu berechnen. Außerdem kannst du am Ende des Kapitels Teile des Kreisrandes (Kreisbogen) oder Teilflächen eines Kreises (Kreisausschnitte) berechnen.

Das Verhältnis von Umfang und Durchmesser

Ermittle mithilfe eines nicht dehnbaren Fadens den Umfang verschiedener Gegenstände mit Kreisen als Grundfläche. Bilde $\frac{U}{d}$ und runde auf Zehntel. Was fällt dir auf? Der Kreisumfang U ist ungefähr dreimal so groß wie der Durchmesser d. Tatsächlich ist dieses Verhältnis für alle Kreise gleich. Man bezeichnet seinen Wert als die Kreiszahl π. Mache dich damit vertraut, wo auf deinem Taschenrechner die Taste für die Zahl π zu finden ist.

Regel

Für den Kreisumfang U eines Kreises mit Durchmesser d gilt:
$U = \pi \cdot d$.
Anstelle des Kreisdurchmessers kann man auch mit dem Radius r rechnen. Dann gilt:
$U = 2\pi r$.
Beispiel:
Berechne den Kreisumfang eines Kreises mit dem Durchmesser 5 cm:
$U = \pi \cdot 5\,\text{cm} \approx 15{,}7\,\text{cm}$.

1 **Berechne den Umfang U des Kreises.**

a) $d = 4\,\text{cm}$ b) $d = 7{,}5\,\text{cm}$ c) $r = 9\,\text{m}$

d) $r = 3{,}2\,\text{dm}$ e) $d = 2{,}25\,\text{mm}$

KREIS

2 Berechne den Umfang U in den Figuren.

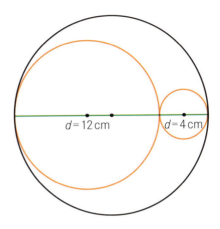

3 Ein 26er-Rad hat einen Durchmesser von 26 Zoll (1 Zoll = 2,54 cm).

a) Wie viele Meter legt das Rad bei einer Umdrehung zurück?
b) Das Rad macht 400 Umdrehungen. Wie viele Meter wurden zurückgelegt?

4 Zeichne einen Kreis, der von einem Quadrat eingefasst wird. Schätze ab, wie groß die Fläche des Kreises im Vergleich zu den Teilquadraten ist.

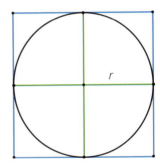

Regel

Für den Flächeninhalt A eines Kreises mit Radius r gilt: $A = \pi \cdot r^2$.
Beispiel:
Berechne den Flächeninhalt für einen Kreis mit dem Radius $r = 5$ cm.
$A = \pi \cdot r^2 = \pi \cdot (5\,\text{cm})^2 \approx 78{,}54\,\text{cm}^2$.

5 Berechne den Flächeninhalt A des Kreises.

a) $r = 4$ cm
b) $r = 7,5$ cm
c) $r = 0,9$ m
d) $r = 3,2$ dm
e) $d = 2,25$ mm.

6 Ein Radiosender hat eine Reichweite von 70 km. Wie viele Quadratkilometer groß ist sein Sendegebiet?

5 KREIS

7 Platz mit Brunnen

Ein kreisrunder Platz hat einen Durchmesser von 34 m. In der Mitte befindet sich eine kreisförmige Brunnenanlage mit 4,6 m Durchmesser. Wie viele Quadratkilometer Platz bleiben zur freien Verfügung?

8 Berechne den Flächeninhalt der drei Kreise in der Figur. Wie groß ist die farbig markierte Fläche, die durch die drei Kreisränder begrenzt wird?

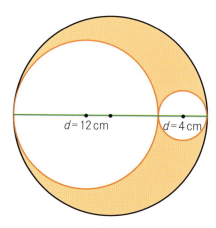

Regel

Für den Flächeninhalt A eines Kreisrings mit dem äußeren Radius r_1 und dem inneren Radius r_2 gilt

$$A = \pi \cdot (r_1^2 - r_2^2).$$

Beispiel:
Berechne den Flächeninhalt des Kreisrings mit dem äußeren Radius $r_1 = 7{,}5$ cm (blau) und dem inneren Radius $r_2 = 5{,}5$ cm (rot).

$A = \pi \cdot (r_1^2 - r_2^2) = \pi \cdot [(7{,}5\,\text{cm})^2 - (5{,}5\,\text{cm})^2] \approx 81{,}68\,\text{cm}^2.$

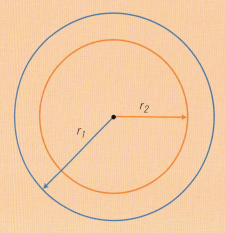

KREIS

9 Berechne den Flächeninhalt eines Kreisrings mit dem äußeren Radius r_1 und dem inneren Radius r_2.

a) $r_1 = 5\,cm;\ r_2 = 7\,cm$ b) $r_1 = 3{,}5\,m;\ r_2 = 5\,m$ c) $r_1 = 11{,}25\,cm;\ r_2 = 14\,cm$

10 Ein Dichtungsring hat einen äußeren Durchmesser von 26 mm und ist 7 mm breit. Berechne seinen Flächeninhalt.

Kreisausschnitt und Kreisbogen

Viertelkreise

Zeichne einen Kreis mit $r = 5\,cm$ und unterteile ihn in Viertelkreise. Wie groß ist ein Viertelkreis? Betrachte den Winkel, den sogenannten Mittelpunktswinkel, des Viertelkreises. Wie groß ist dieser? Den wie vielten Teil von 360° macht er aus?

Regel

Für die Länge b_α eines Kreisbogens mit dem Radius r und einem Mittelpunktswinkel der Größe α gilt:
$b_\alpha = 2\pi r \cdot \frac{\alpha}{360°}$ bzw. $b_\alpha = \pi \cdot r \cdot \frac{\alpha}{180°}$
Für den Flächeninhalt A_α eines Kreisausschnitts mit dem Radius r und dem Mittelpunktswinkel der Größe α gilt: $A_\alpha = \pi \cdot r^2 \cdot \frac{\alpha}{360°}$.

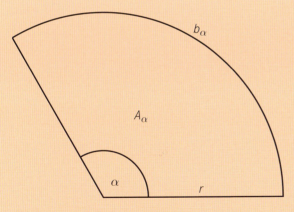

Beispiel:
Berechne die Länge des Kreisbogens b_α und den Flächeninhalt A_α, wenn der Radius $r = 3\,cm$ und die Winkelgröße $\alpha = 30°$ beträgt.
Lösung:
$b_\alpha = 2\pi \cdot 3\,cm \cdot \frac{30}{360°} \approx 1{,}57\,cm$ $A_\alpha = \pi \cdot (3\,cm)^2 \cdot \frac{30}{360°} \approx 2{,}36\,cm^2$

5 KREIS

11 Berechne zu vorgegebenem Radius r und Mittelpunktswinkel α jeweils die Länge des Kreisbogens b_α und den Flächeninhalt A_α.

r	4 cm	12 cm	22 mm	1 km	5,4 m
α	60°	150°	210°	36°	180°
b_α					
A_α					

12 **Der Weg des Zeigers**
Der Minutenanzeiger einer Wohnzimmeruhr ist 6 cm lang. Wie groß ist die Fläche, die der Zeiger überstreicht?

a) in 5 Minuten

b) in 12 Minuten

c) Welchen Weg legt die Zeigerspitze zurück?

KREIS

Test Kapitel 5

1 Zeichne einen Kreis *K* um *M*(1|1) mit dem Radius *r* = 3,5 cm.
Wähle einen beliebigen Punkt *B* auf *K*. Konstruiere zunächst die Tangente.
Konstruiere danach zwei Sekanten, die senkrecht zueinander stehen. |10|

2 Bestimme jeweils die fehlenden drei Winkelgrößen. |10|

a) $\alpha = 33°$ b) $\beta = 53°$ c) $\gamma_1 = 25°$

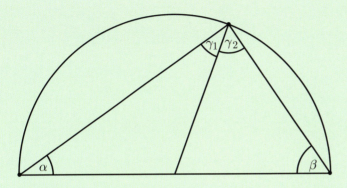

3 Schreinerarbeiten |10|

Aus einer quadratischen Platte mit einer Kantenlänge von 1,30 m ist eine runde Tischplatte mit einem Durchmesser von 1,21 m herauszuschneiden.

a) Wie groß ist der Flächeninhalt der Tischplatte in m²?
b) Wie groß ist der Verschnitt (Abfall)?

4 Eine CD hat einen Durchmesser von 12 cm, das innere Loch besitzt einen Durchmesser von 14 mm.
Wie groß ist die Fläche, die beschichtet werden muss? |10|

5 Berechne für den Kreis mit dem Radius *r* die Bogenlänge b_α und den Flächeninhalt A_α des Kreisausschnitts mit dem Mittelpunktswinkel α. |10|

a) $r = 8$ cm; $\alpha = 60°$
b) $r = 4,5$ m; $\alpha = 200°$

||50||

Wie viele Punkte hast du? Erreichst du mehr als 39 Punkte, beherrschst du den Inhalt des Kapitels wirklich gut. Erreichst du weniger als 20 Punkte, dann solltest du dieses Kapitel wiederholen.

6 STATISTIK/WAHRSCHEINLICHKEITSRECHNUNG

6.1 Darstellung von Statistiken

Was du schon können musst:

Häufig werden Ergebnisse in Prozent dargestellt. Daher solltest du die Regeln der Prozentrechnung kennen und anwenden können. Aber auch die Bruchrechnung und das Rechnen mit Dezimalzahlen solltest du beherrschen.

Darum geht es

Meinungsumfragen und Erhebungen spielen in verschiedenen Bereichen des alltäglichen Lebens eine wichtige Rolle. Die Menge aller Personen oder Dinge, über die man etwas wissen möchte, nennt man Gesamtheit. Die Menge der ausgewählten Personen oder Dinge, die man befragt oder untersucht, nennt man Stichprobe.
Für die Auswertung und die anschließende Darstellung von Stichproben stehen verschiedene Möglichkeiten zur Verfügung. Hier lernst du einige kennen.

Häufigkeiten

Beim Vergleich von statistischen Daten spricht man oft von absoluten und relativen Häufigkeiten.

Regel

Es gilt: relative Häufigkeit $= \dfrac{\text{absolute Häufigkeit}}{\text{Gesamtzahl}}$.

Beispiele:

(I) Ein Würfel wird 50-mal geworfen. Die Ergebnisse sind in der folgenden Tabelle zusammengefasst, wobei die relative Häufigkeit sowohl als gemeiner Bruch (ungekürzt), als Dezimalbruch oder als Prozentwert angegeben werden kann.

Ereignis	1	2	3	4	5	6
absolute Häufigkeit	10	8	7	9	6	10
relative Häufigkeit	$\frac{10}{50}$	$\frac{8}{50}$	$\frac{7}{50}$	$\frac{9}{50}$	$\frac{6}{50}$	$\frac{10}{50}$
	0,20	0,16	0,14	0,18	0,12	0,2
	20 %	16 %	14 %	18 %	12 %	20 %

STATISTIK/WAHRSCHEINLICHKEITSRECHNUNG

(II) Die Sophie-Scholl-Schule hat 680 Schülerinnen und Schüler. Im letzten Monat wurde notiert, wie viele Schülerinnen und Schüler die Schulbibliothek genutzt haben. Es waren 128 Schülerinnen und 112 Schüler.

Fragen wir nach der relativen Häufigkeit der Bibliotheksbenutzung insgesamt, so rechnen wir:

$$\frac{128 + 112}{680} = \frac{240}{680} \approx 35{,}3\,\%.$$

Fragen wir nach der relativen Häufigkeit der Mädchen unter den Bibliotheksbesuchern, so rechnen wir:

$$\frac{128}{240} = 53{,}3\,\%.$$

Darstellung von Häufigkeiten

a) Säulendiagramm zur Angabe von absoluten Häufigkeiten

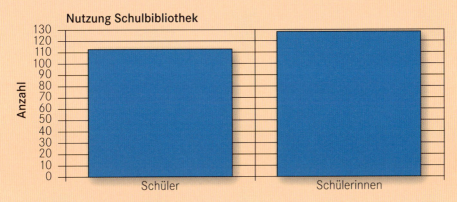

b) Kreisdiagramm zur Angabe der relativen Häufigkeit.

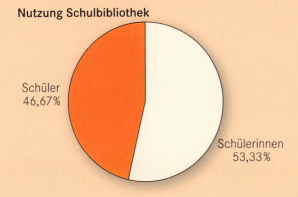

6 STATISTIK/WAHRSCHEINLICHKEITSRECHNUNG

1 Wahl der Verkehrsmittel

In der Klasse 7e kommen 12 Schüler mit dem Fahrrad, 9 Schüler zu Fuß, 6 Schüler mit öffentlichen Verkehrsmitteln und 3 Schüler werden mit dem Auto gebracht.

a) Berechne die zugehörigen relativen Häufigkeiten in Prozent.
b) Zeichne ein Säulendiagramm zu den absoluten Häufigkeiten.
c) Zeichne ein Kreisdiagramm zu den relativen Häufigkeiten.

2 Fremdsprachen

Die Befragung für die Wahl der zweiten Fremdsprache am Albert-Schweitzer-Gymnasium hat im siebten Jahrgang folgendes Ergebnis ergeben:

	Spanisch	Französisch	Latein
Jungen	27	24	12
Mädchen	33	16	8

a) Berechne die relativen Häufigkeiten in Bezug auf alle Schüler in Prozent.
b) Berechne die relativen Häufigkeiten für die einzelnen Sprachen nach Jungen bzw. Mädchen und gib diese in Prozent an.

3 In einer Klasse hören 70 % der Schüler Hip-Hop-Musik, das sind 21 Jungen und Mädchen. Ermittle die Gesamtzahl der Schüler in dieser Klasse.

6.2 Auswertung von Statistiken

Was du schon können musst:

Du solltest die Definitionen des ersten Abschnitts verstanden haben und anwenden können.

Darum geht es

Für die Auswertung von Meinungsumfragen und Erhebungen gibt es verschiedene Möglichkeiten. Statistiker benutzen sogenannte Lagemaße, wenn sie sich die Ergebnisse ihrer Erhebungen anschauen. Hier lernst du einige wichtige kennen.

STATISTIK/WAHRSCHEINLICHKEITSRECHNUNG

Lagemaße

▶ **Zentralwert/Median:** Ordnet man die Ergebnisse der Größe nach, so gibt es einen Wert, der in der Mitte steht. Diesen Wert nennt man Zentralwert oder Median.

▶ **Modalwert:** Den am häufigsten vorkommenden Wert nennt man Modalwert.

▶ Den kleinsten Wert nennt man **Minimum,** den größten Wert **Maximum.**

▶ Der Abstand zwischen dem größten und dem kleinsten Wert heißt **Spannweite.**

▶ Das **arithmetische Mittel** oder der **Mittelwert** ist definiert als $\overline{x} = \frac{\text{Summe aller Werte}}{\text{Anzahl aller Werte}}$.

Beispiel:

Die 27 Schüler der Klasse 7b haben die Zeit in Minuten notiert, die sie für eine bestimmte Mathematikhausaufgabe benötigt haben. Die verschiedenen Zeitangaben wurden in einer Liste notiert: 22; 12; 13; 19, 15; 30; 16; 18; 19; 19; 20; 10; 20; 21; 22; 23; 24; 24; 25; 18; 25; 27; 30; 23; 15; 19, 24.

Für den Zentralwert müssen wir die Werte der Größe nach ordnen. Dabei ergibt sich folgendes Bild:

10; 12; 13; 15; 15; 16; 18; 18; 19; 19; 19; 19, 20; 20; 21; 22; 22; 23; 23; 24; 24; 24; 25; 25; 27; 30; 30.

Wert in der Mitte: 14. Wert

Der Zentralwert ist also 20 (Minuten).

Der Modalwert ist 19 Minuten (Kommt in der Liste viermal vor).

Das Minimum ist 10 Minuten, das Maximum 30 Minuten.

Die Spannweite beträgt 20 Minuten.

Das arithmetische Mittel bzw. der Mittelwert berechnet sich als

$$\overline{x} = \frac{10 + 12 + 13 + 2 \cdot 15 + 16 + 2 \cdot 18 + 4 \cdot 19 + 2 \cdot 20}{27}$$

$$+ \frac{21 + 2 \cdot 22 + 2 \cdot 23 + 3 \cdot 24 + 2 \cdot 25 + 27 + 2 \cdot 30}{27}$$

$$= \frac{553}{27} \approx 20{,}5 \text{ Minuten.}$$

Info

Bei einer ungeraden Anzahl von Werten ist der Zentralwert der in der Mitte stehende Wert. Bei einer geraden Anzahl von Werten kann man den Zentralwert mithilfe der beiden in der Mitte stehenden Werte angeben. Dabei wählt man das arithmetische Mittel dieser beiden Werte als Zentralwert.

6 STATISTIK/WAHRSCHEINLICHKEITSRECHNUNG

1 Zeit für die Mathematikhausaufgaben

In der Klasse 7a notieren die 25 Schüler ebenfalls die Zeit, die sie für die Mathematikhausaufgaben benötigen. Sie kommen zu folgenden Ergebnissen:
22; 14; 13; 16, 15; 30; 16; 18; 18; 16; 20; 10; 20; 21; 20; 23; 20; 24; 35; 18; 25; 27; 30;
23; 15.
Berechne für die Klasse folgende statistische Lagemaße: a) Zentralwert, b) Modalwert,
c) Minimum, d) Maximum, e) Spannweite, f) arithmetisches Mittel.
Vergleiche das Ergebnis mit den Werten der 7b aus dem Beispiel.

2 Benzinverbrauch

Herr Koch hat für seine PKWs den Benzinverbrauch für 100 km bestimmt:
7,4 l; 8,3 l; 8,2 l; 6,9 l; 9,2 l; 7,5 l; 7,8 l; 8,7 l.
Bestimme den Zentralwert und das arithmetische Mittel.

3 Aus der Statistik des Autohauses Rottmaier des letzten Jahres:

	Januar	Februar	März	April	Mai	Juni
Zahl der verkauften PKWs	13	11	19	22	36	26

	Juli	August	Sept	Okt	Nov	Dez
Zahl der verkauften PKWs	17	15	12	18	20	23

a) Was war die kleinste monatliche Absatzzahl, was die größte? Wie groß ist die Spannweite beim Verkauf?

b) Im vorletzten Jahr wurden monatlich im Schnitt 19 Autos verkauft. Wie liegen die Ver-
kaufszahlen im letzten Jahr im Vergleich zum vorletzten Jahr?

STATISTIK/WAHRSCHEINLICHKEITSRECHNUNG

6.3 Skalen

Was du schon können musst:

Du solltest die verschiedenen Lagemaße kennen, um sie mit den Skalen in Verbindung bringen zu können.

Darum geht es

Vor Beginn einer statistischen Erhebung ist es für die Planung wichtig zu überlegen, welche Merkmale systematisch erfasst werden sollen. Beispielsweise können bei einer Schülerbefragung das Alter, das Geschlecht, das Interesse für bestimmte Fächer oder das Taschengeld untersucht werden. Zu jedem Merkmal lassen sich Merkmalsausprägungen festlegen. Das Merkmal Geschlecht besitzt die Merkmalsausprägungen männlich und weiblich.

Merkmale und Skalen

Nominalskala: Die Merkmalsausprägungen sind Namen zur Bezeichnung. Man kann sie nicht in einer Reihenfolge anordnen.
Beispiel: Geschlecht (männlich, weiblich)

Ordinalskala oder Rangskala:
Die Merkmale weisen eine Rangfolge auf.
Beispiel: Interesse an Mathematik (hoch, mittel, gering)

Metrische Skala:
Die Merkmale können wie Größen addiert und dividiert werden.
Beispiel: Taschengeld von Schülern, Alter in einer Klasse

Skalentypen und Lagemaße

Den verschiedenen Skalentypen kann man entsprechende Lagemaße zuweisen, um eine Erhebung zu charakterisieren:

Nominalskala:	Modalwert
Ordinalskala:	Modalwert; Zentralwert
Metrische Skala:	Modalwert; Zentralwert; arithmetisches Mittel

6 STATISTIK/WAHRSCHEINLICHKEITSRECHNUNG

1 Warum handelt es sich bei dem Notenspiegel einer Klassenarbeit um eine Ordinalskala?

Note	1	2	3	4	5	6
Anzahl	3	6	7	5	2	1

Berechne den Notendurchschnitt.

2 Warum macht es keinen Sinn für die Merkmalsausprägung Geschlecht den Zentralwert zu verwenden?

3 Die Gäste der Frankfurter Jugendherberge werden nach ihrer Herkunft erfasst. Im Computerfragebogen ist festgehalten:
1 – Deutschland, 2 - EU-Länder (ohne Deutschland), 3 – Europa (ohne EU), 4 – Afrika, 5 – Asien, 6 – Amerika, 7 – Australien.

Herkunft	1	2	3	4	5	6	7
Anzahl	13 754	23 578	1 539	745	7 823	2 344	323

a) Aus welchem Land kommt der typische Gast?
b) Um welche Art von Skala handelt es sich?

6.4 Zufallsversuche und Wahrscheinlichkeit

> **Was du schon können musst:**
>
> Du solltest Anteile in Bruch-, Dezimal- und Prozentschreibweise angeben können und die Bruchrechnung und Dezimalrechnung beherrschen.

Darum geht es

Statistik und Wahrscheinlichkeitsrechnung bezeichnet man oft mit dem Oberbegriff „Stochastik". Dieses Wort stammt aus dem Griechischen und bedeutet so viel wie „Mutmaßungskunst". Gemeint ist damit die Kunst, aus vorliegenden Daten oder statistischem Material vernünftige Vermutungen über das beobachtete Ereignis anzustellen. Hier erfährst du, unter welchen Umständen man seriöse Prognosen über ein Ereignis angeben kann, und wie du mit Wahrscheinlichkeiten rechnest.

STATISTIK/WAHRSCHEINLICHKEITSRECHNUNG

Zufallsversuche

Statistische Erhebungen kann man als Zufallsversuche auffassen. Führt man zu einem Zufallsversuch mehrere lange Versuchsreihen aus, so macht man folgende Erfahrung: Bei langen Versuchsreihen nähern sich die Werte für die relativen Häufigkeiten immer mehr den Werten für die Wahrscheinlichkeiten an.
Diese Erfahrung nennt auch das empirische Gesetz der großen Zahlen.

Reißnagelwerfen

Für den Zufallsversuch „Werfen eines Reißnagels" gibt es zwei mögliche Ausfälle:
a) Der Reißnagel bleibt auf dem Kopf mit der Spitze nach oben
oder
b) er bleibt auf der Seite schräg liegen.

Annika und Tom werfen einen Reißnagel mehrfach und notieren die Ergebnisse. Annika wirft ihn 50-mal, Tom wirft ihn 250-mal. Sie kommen zu folgenden Ergebnissen:

	Seite	Kopf	relative Häufigkeit Kopf	relative Häufigkeit Seite
Annika	24	26	48%	52%
Tom	103	147	41,2%	58,8%

Eine genaue Bestimmung der Wahrscheinlichkeit ist nicht möglich. Man muss sich mit der relativen Häufigkeit begnügen. Obgleich zwischen der relativen Häufigkeit und der Wahrscheinlichkeit eines Ereignisses ein gewisser Zusammenhang besteht, müssen wir beide Begriffe deutlich voneinander trennen.

Regel

Die **Wahrscheinlichkeit** eines Ausfalls ist die beste Vorhersage, die man für die zu erwartende relative Häufigkeit abgeben kann.

Info

Bei manchen Zufallsversuchen kann man sofort die Wahrscheinlichkeit der Ausfälle ablesen. Bei einem „fairen" Würfel, also einem Würfel, bei dem jede Zahl gleich wahrscheinlich ist, beträgt die Wahrscheinlichkeit, eine bestimmte Zahl zu würfeln, für alle Zahlen genau $\frac{1}{6}$.

STATISTIK/WAHRSCHEINLICHKEITSRECHNUNG

Laplace-Versuche

Zufallsversuche, bei denen alle Ergebnisse gleich wahrscheinlich sind, nennt man Laplace-Versuche bzw. -Experimente. Für die Wahrscheinlichkeit eines Laplace-Experiments E gilt:

$$P(E) = \frac{\text{Anzahl der für } E \text{ günstigen Ergebnisse}}{\text{Anzahl aller möglichen Ergebnisse}}.$$

Beispiele:

(I) Beim Werfen einer Laplace-Münze kann als Ergebnis entweder Kopf oder Zahl auftreten. Die Wahrscheinlichkeit $P(E)$ beträgt jeweils $\frac{1}{2}$.

(II) Hat ein Glücksrad drei Sektoren („Rot", „Weiß", „Gelb") von jeweils 120°, dann hat jeder von ihnen die Wahrscheinlichkeit $\frac{120°}{360°} = \frac{1}{3}$.

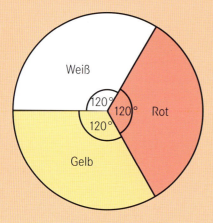

Info

Diese Definition geht auf den französischen Mathematiker Pierre Simon de Laplace (1749–1827) zurück.

1 Aus dem Wort „WINTERURLAUB" wird ein Buchstabe zufällig ausgesucht. Mit welcher Wahrscheinlichkeit ist er ein Vokal, wenn man voraussetzt, dass die Wahrscheinlichkeit für alle Buchstaben gleich groß ist?

STATISTIK/WAHRSCHEINLICHKEITSRECHNUNG

2 Karten ziehen

Aus einem Skatspiel (32 Karten) soll jeweils eine Karte gezogen werden. Wie groß ist die Wahrscheinlichkeit, dass dies

a) eine Herz-Karte;

b) ein Ass;

c) eine Bildkarte (Bube, Dame, König)

d) weder eine Kreuz-Karte noch ein Bild ist?

3 In einem Becher befinden sich 3 schwarze, 4 rote und 5 weiße Kugeln. Bestimme die Wahrscheinlichkeit für das Ziehen einer

a) weißen Kugel;

b) roten Kugel;

c) schwarzen Kugel;

d) Kugel, die nicht rot ist.

4 Mathematische Lostrommel

In einer Lostrommel liegen 100 Lose, die von 1 bis 100 nummeriert sind. Bestimme die Wahrscheinlichkeit für folgende Ereignisse:

A: Die Losnummer ist durch 2 teilbar.

B: Die Losnummer ist durch 6 teilbar.

C: Die Zahl auf dem Los hat zwei gleiche Ziffern.

D: Die Losnummer endet auf 0 oder 5.

E: Die Losnummer ist durch 6 teilbar oder endet auf 0 oder 5.

F: Die Losnummer ist weder durch 4 noch durch 6 teilbar.

6.5 Baumdiagramme und Pfadregeln

Was du schon können musst:

Du solltest die Regeln der Bruchrechnung beherrschen und die Wahrscheinlichkeitsdefinition für Laplace-Versuche verstanden haben.

Darum geht es

Die im vorherigen Kapitel beschriebenen Zufallsversuche hatten eines gemeinsam. Der Versuch bestand aus einer einzigen Handlung: es wurde ein Los gezogen, eine Karte gezogen, eine Münze einmal geworfen. Man spricht in diesem Fall von einstufigen Zufallsversuchen. Was passiert aber, wenn ein Versuch mehrfach durchgeführt wird (mehrstufiger Zufallsversuch)? Wie lässt sich die Wahrscheinlichkeit dann ermitteln? Hier lernst du, wie dir Baumdiagramme dabei helfen.

STATISTIK/WAHRSCHEINLICHKEITSRECHNUNG

Baumdiagramme

Der Ablauf eines mehrstufigen Zufallsversuchs lässt sich mithilfe von sogenannten Baumdiagrammen besonders übersichtlich darstellen.
Beispiel: Zweimaliges Werfen einer Münze.
Folgende Ereignisse sind beim zweimaligen Werfen einer Münze möglich:

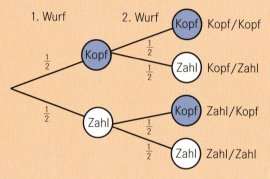

Alle möglichen Ereignisse bilden zusammen die Ereignismenge.

1 Drei verschiedene Münzen werden gleichzeitig geworfen. Stelle den Zufallsversuch in einem Baumdiagramm dar.

2 Mit und ohne Zurücklegen
Eine Urne enthält 7 schwarze und 4 weiße Kugeln. Zeichne ein Baumdiagramm für das zweimalige Ziehen, wenn die Kugeln

a) zurückgelegt werden;
b) nicht zurückgelegt werden.

Pfadregeln für Baumdiagramme

(I) Die Wahrscheinlichkeit eines Ergebnisses ist gleich dem Produkt aller Zweigwahrscheinlichkeiten längs des zugehörigen Pfades (innerhalb eines Baumes: Multiplikation der Wahrscheinlichkeiten).
(II) Gehören zu einem Ereignis mehrere Pfade in einem Baumdiagramm, dann erhält man die Wahrscheinlichkeit des Ereignisses, indem man die Zweigwahrscheinlichkeiten der einzelnen zum Ereignis gehörenden Ergebnisse addiert (Addition der einzelnen Pfade).

STATISTIK/WAHRSCHEINLICHKEITSRECHNUNG

Beispiel:
Aus einer Urne mit 3 roten und 6 blauen Kugeln werden 3 Kugeln mit Zurücklegen gezogen. Es lässt sich das folgende Baumdiagramm aufstellen:

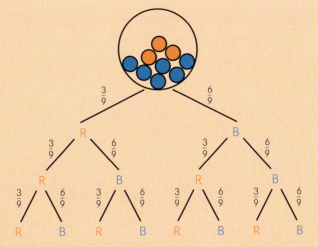

a) Wie groß ist Wahrscheinlichkeit beim ersten Mal eine rote und die anderen beiden Male eine blaue Kugel zu ziehen?
Lösung: Anwendung der Regel (I) – Multipliziere die Wahrscheinlichkeiten:

$P(E) = \frac{3}{9} \cdot \frac{6}{9} \cdot \frac{6}{9} = \frac{1}{3} \cdot \frac{2}{3} \cdot \frac{2}{3} = \frac{4}{27} = 0,\overline{148}$ (rot/blau/blau).

b) Wie groß ist die Wahrscheinlichkeit, eine rote und zwei blaue Kugeln zu ziehen?
Lösung: Anwendung der Regel (II) – Betrachte die drei Pfade (rot/blau/blau) und (blau/rot/blau) und (blau/blau/rot) und addiere die Wahrscheinlichkeiten:

$P(E) = \frac{3}{9} \cdot \frac{6}{9} \cdot \frac{6}{9} + \frac{6}{9} \cdot \frac{3}{9} \cdot \frac{6}{9} + \frac{6}{9} \cdot \frac{6}{9} \cdot \frac{3}{9} = 3 \cdot \left(\frac{1}{3} \cdot \frac{2}{3} \cdot \frac{2}{3}\right) = \frac{12}{27} = \frac{4}{9} = 0,\overline{4}$.

3 Zeichne das Baumdiagramm mit den Angaben aus dem Beispiel, jedoch sollen die Kugeln nach dem Ziehen nicht mehr zurückgelegt werden. Was ändert sich im Baumdiagramm?

a) Wie groß ist die Wahrscheinlichkeit, beim ersten Mal eine rote und die anderen beiden Male eine blaue Kugel zu ziehen?
b) Wie groß ist die Wahrscheinlichkeit, eine rote und zwei blaue Kugeln zu ziehen?

4 Ein Glücksrad (siehe Abb.) wird dreimal gedreht. Stelle den Zufallsversuch in einem Baumdiagramm dar. Welche Wahrscheinlichkeit hat das Ereignis

a) dreimal 1;
b) dreimal die gleiche Ziffer;
c) zweimal 2;
d) jede Ziffer einmal?

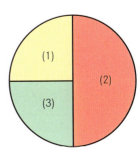

6 STATISTIK/WAHRSCHEINLICHKEITSRECHNUNG

5 **Würfeln mit zwei Würfeln**

Beim Würfeln mit zwei Würfeln werden die beiden Augenzahlen multipliziert. Mit welcher Wahrscheinlichkeit ist das Ergebnis

a) größer als 18;   b) gleich 12?

6 **Elfmeterschießen**

Beim Elfmeterschießen trifft Johann mit einer Wahrscheinlichkeit von 40 %, Fabian mit 60 %. Beide schießen auf das Tor. Wie groß ist die Wahrscheinlichkeit, dass es 0, 1 oder 2 Treffer gibt?

7 **Mit und ohne Zurücklegen**

In einer Urne liegen 3 rote, 4 schwarze und 5 blaue Kugeln. Es werden drei Kugeln gezogen. Wie groß ist die Wahrscheinlichkeit drei unterschiedliche Kugeln zu ziehen, wenn die Kugeln

a) zurückgelegt werden;   b) nicht zurückgelegt werden?

6.6 Geschicktes Abzählen und Rechnen

> **Was du schon können musst:**
>
> Du solltest die Laplace-Wahrscheinlichkeit kennen und anwenden sowie Baumdiagramme erstellen können.

Darum geht es

Bei vielen Zufallsexperimenten ist es sinnvoll, nicht das gesamte Baumdiagramm zu skizzieren, sondern Pfade zusammenzufassen oder nur die Pfade, die für das Ereignis interessant sind, zu betrachten. Das macht die Rechnung einfacher.

Beispiel

Ereignisse zusammenfassen

Wie groß ist die Wahrscheinlichkeit, bei 2 Würfen einmal eine Sechs zu werfen?
Lösung: In diesem Fall musst du nicht den gesamten Baum für alle Würfelergebnisse {1; 2; 3; 4; 5; 6} zeichnen, sondern es reicht zu überlegen, wie groß die Wahrscheinlichkeit für eine Sechs (6) bzw. für keine Sechs ($\overline{6}$) ist. Daraus ergibt sich folgendes Baumdiagramm.

STATISTIK/WAHRSCHEINLICHKEITSRECHNUNG

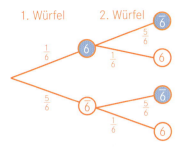

Du rechnest $P(E) = \frac{1}{6} \cdot \frac{5}{6} + \frac{5}{6} \cdot \frac{1}{6} = \frac{10}{36} = \frac{5}{18} = 0,2\overline{7}$.

Beispiel

Baumdiagramme verkürzen

Mit welcher Wahrscheinlichkeit erhält man beim dreimaligen Würfeln eine Augensumme, die nicht größer ist als 4?

Mit etwas Übung kannst du hier die Fälle auch geschickt abzählen und benötigst dann kein (vollständiges) Baumdiagramm mehr. So kannst du überlegen, dass nur die Würfelergebnisse (1|1|1); (1|1|2); (1|2|1) und (2|1|1) in der Summe kleiner als fünf sind. Danach berechnest du die jeweiligen Wahrscheinlichkeiten mithilfe des **reduzierten Baumdiagramms** und addierst die Ergebnisse.

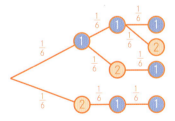

$P(E) = 4 \cdot \frac{1}{6} \cdot \frac{1}{6} \cdot \frac{1}{6} = \frac{4}{216} = \frac{1}{54} = 0,0\overline{185}$.

Rechnen mit Gegenwahrscheinlichkeiten

Wenn es besonders viele Ereignisse sind, die du betrachten sollst, ist es einfacher, die Aufgabe mithilfe der Gegenwahrscheinlichkeit zu lösen.

6 STATISTIK/WAHRSCHEINLICHKEITSRECHNUNG

Regel

Für ein Ereignis E und sein Gegenereignis $\overline{E}$ gilt: $P(E) = 1 - P(\overline{E})$.

Beispiel:

Zwei Würfel werden gleichzeitig geworfen. Mit welcher Wahrscheinlichkeit ist die Augensumme kleiner als 11?

Lösung: Das Gegenereignis zu „Augensumme kleiner als 11" ist „die Augensumme beträgt mindestens 11". Die hierfür infrage kommenden Ausfälle sind überschaubar – es sind die Zahlenpaare (5|6); (6|5) und (6|6). Daher gilt:

$P(\overline{E}) = \frac{1}{6} \cdot \frac{1}{6} + \frac{1}{6} \cdot \frac{1}{6} + \frac{1}{6} \cdot \frac{1}{6} = \frac{3}{36} = \frac{1}{12} = 0{,}08\overline{3}$ und

$P(E) = 1 - P(\overline{E}) = \frac{11}{12} = 0{,}91\overline{6}$.

Die Wahrscheinlichkeit für eine Augensumme, die kleiner als 11 ist, beträgt also etwa 0,92.

---

1 **Ein Glücksrad enthält 9 gleich große Sektoren, die von 1 bis 9 nummeriert sind. Das Glücksrad wird zweimal gedreht.**

a) Mit welcher Wahrscheinlichkeit werden zwei gleiche Zahlen gedreht?

b) Mit welcher Wahrscheinlichkeit ergibt sich aus den gedrehten Zahlen die Summe 16?

2 **Zwei Würfel werden gleichzeitig geworfen. Wie groß ist die Wahrscheinlichkeit, dass die beiden Würfel unterschiedliche Augenzahlen zeigen?**

3 **OTTO**

In einer Urne liegen 7 Buchstaben, viermal das O und dreimal das T. Es werden vier Buchstaben der Reihe nach mit Zurücklegen gezogen. Mit welcher Wahrscheinlichkeit

a) entsteht so das Wort OTTO;

b) lässt sich mit den gezogenen Buchstaben das Wort OTTO bilden?

4 **Wer gewinnt?**

Nina und Nele würfeln abwechselnd je einmal. Das Spiel ist zu Ende, wenn die Augenzahl 6 gefallen ist oder spätestens, wenn beide dreimal gewürfelt haben. Nina beginnt.

a) Mit welcher Wahrscheinlichkeit gewinnt Nina und

b) mit welcher Wahrscheinlichkeit Nele?

c) Wie groß ist die Wahrscheinlichkeit, dass es bei einer Spielrunde keine Siegerin gibt?

STATISTIK/WAHRSCHEINLICHKEITSRECHNUNG

Test Kapitel 6

1 **Tennissocken verpacken** |12|

Jahrelang hat eine Firma Tennissocken einzeln verkauft, nun sollen sie in einer einzigen Verpackungsgröße auf den Markt kommen. Bei einer Kurzumfrage ließ man feststellen, in welchen Stückzahlen die Kunden bisher die Tennissocken kauften.

Anzahl der Socken (Angabe in Paar)	1	2	3	4	5	6	7	8	9	10
Häufigkeit	3	13	19	8	5	4	3	2	2	1

Berechne den Durchschnitt und den Zentralwert.
Welche Verpackungseinheit schlägst du vor?

2 **Zentralwert oder Mittelwert?** |6|

Würdest du dem Vorschlag zustimmen, künftig den „Notendurchschnitt" einer Mathematikarbeit nicht mehr mit dem arithmetischen Mittelwert, sondern mit dem Zentralwert zu bestimmen? Begründe Deine Aussage.

3 **In einer Urne sind 12 Kugeln, von denen 3 weiß, 7 blau und 2 schwarz sind. Es werden nacheinander 3 Kugeln gezogen, wobei das Experiment einmal „mit Zurücklegen" und einmal „ohne Zurücklegen" durchgeführt wird.** |15|
Berechne jeweils in beiden Fällen die Wahrscheinlichkeit dafür,

a) zuerst 2 blaue und dann eine weiße Kugeln zu ziehen,
b) genau 1 weiße Kugel zu ziehen,
c) 2 blaue und eine schwarze Kugel in beliebiger Reihenfolge zu ziehen,
d) 2 schwarze und eine blaue Kugel in beliebiger Reihenfolge zu ziehen,
e) maximal 2 nichtblaue Kugeln zu ziehen.

4 **Drei Freunde auf der Jagd** |7|

Drei Freunde gehen gemeinsam auf die Jagd. Immer, wenn eine Wildente auftaucht, schießen sie gleichzeitig; ihre Treffersicherheit beträgt dabei 60 %, 70 % bzw. 80 %. Welche Überlebenschance hat eine plötzlich auftauchende Ente?

|40|

Wie viele Punkte hast du? Erreichst du mehr als 31 Punkte, beherrschst du den Inhalt des Kapitels wirklich gut. Erreichst du weniger als 16 Punkte, dann solltest du dieses Kapitel wiederholen.

7 TERME – LINEARE GLEICHUNGEN

7.1 Term und Zahl

> **Was du schon können musst:**
>
> Du solltest Begriffe wie Summe, Differenz, Produkt und Quotient kennen.

Darum geht es

Werden mathematische Zeichen wie Ziffern, Rechenoperatoren (+, – ...) oder Klammern zu einem sinnvollen Ausdruck verknüpft, so erhält man einen Term. Sehr häufig enthalten Terme auch eine Variable, die anstelle von einer Zahl steht. Setzt man für die Variable eine Zahl ein und führt dann die Rechenoperationen aus, so erhält man eine Zahl, den Wert dieses Terms.

Terme mit einer Variablen

Die Grundgebühr des Handytarifs der Firma PhoneQuick beträgt monatlich 10 €. Das Telefonieren in alle Netze in Deutschland kostet pro Minute 0,19 €. Was kostet es, wenn du 45 Minuten bzw. 5 Stunden im Monat telefonierst?

1. Schritt: Was ändert sich nicht? Grundgebühr (und Preis pro Minute)
2. Schritt: Was ändert sich, was ist variabel? Telefondauer
3. Schritt: Variable festlegen: x: = Telefondauer in Minuten
4. Schritt: Term aufstellen $10 + 0,19 \cdot x$

Zur Berechnung der Kosten setzt man die Werte für x ein:

x = 45 Minuten: $\quad 10 + 0,19 \cdot 45 = 18,55 €$

x = 300 Minuten: $\quad 10 + 0,19 \cdot 300 = 67 €.$

Terme mit mehreren Variablen

Die Firma TalkMuch bietet folgenden Handytarif an: Monatliche Grundgebühr 4,99 €, Gespräche im Festnetz und im eigenen Netz 0,29 € pro Minute, Gespräche in andere Netze 0,59 € je Minute. Was kostet es, wenn du 25 Minuten im Festnetz und im eigenen Netz und 20 Minuten in andere Netze telefonierst?

Variable: x: Telefondauer in Minuten ins Festnetz und ins eigene Netz

$\quad\quad\quad$ y: Telefondauer in Minuten in andere Netze

Term: $\quad 4,99 + 0,29 \cdot x + 0,59 \cdot y$

$\quad\quad\quad$ x = 25 Minuten, y = 20 Minuten:

$\quad\quad\quad$ Kosten: $4,99 + 0,29 \cdot 25 + 0,59 \cdot 20 = 24,04 €$

TERME – LINEARE GLEICHUNGEN

> **Info**
>
> Oft benutzt man bei Termen mit Variablen eine verkürzte Schreibweise und lässt das Multiplikationszeichen weg: $4 \cdot x = 4x$.

1 Terme berechnen

Setze die Zahlen in die folgenden Terme ein und berechne den Wert des Terms.

a)

x	$2x - 4$	$2(x - 4)$	$2x - 8$
5			
4			
–4			

b)

y	$\frac{y}{2} + 2$	$y^2 - 4$	$-2(4 - 0{,}3y)$
5			
–0,4			
$\frac{3}{5}$			

2 Gib für folgende Rechenvorschriften Terme mit einer Variablen an.

a) Addiere 5 zu einer Zahl.
b) Subtrahiere 2 vom Doppelten einer Zahl.
c) Subtrahiere von einer Zahl 3, multipliziere danach mit 5.
d) Addiere zu einer Zahl 2, multipliziere danach das Ergebnis mit sich selbst.
e) Multipliziere eine Zahl mit $\frac{3}{4}$, subtrahiere davon das 4-fache der Zahl.
f) Subtrahiere vom Quadrat einer Zahl ihren 4. Teil.
g) Multipliziere eine Zahl mit der um 1 kleineren Zahl.
h) Quadriere die um 2 kleinere Zahl.

3 Aus der Physik

a) Bei einem Gewitter hört man den Donner umso später, je weiter der Blitz entfernt ist. Dividiert man die Zeit in Sekunden (s) zwischen Blitz und Donner durch 3, so erhält man etwa die Entfernung des Blitzes in Kilometern. Stelle einen Term auf.
b) In der Fahrschule lernt man als Faustregel zur Berechnung des Bremsweges in Metern: „Dividiere die Geschwindigkeit in $\frac{km}{h}$ durch 10 und quadriere danach das Ergebnis." Gib für die Berechnung des Bremsweges einen Term an. Wie lang ist der Bremsweg, wenn ein Auto $30 \frac{km}{h}$ fährt?

7 TERME – LINEARE GLEICHUNGEN

4 Berechne die Terme.

a)

x	y	$2x - y$	$3(x + y)$
5	2		
4	$-0,5$		
-4	$-2,5$		

b)

x	y	$x^2 - y$	$-2(x - y)$
5	3		
$-0,4$	2		
$\frac{3}{5}$	-1		

5 Beschreibe die Rechenvorschrift in Worten.

a) $4x + \frac{3}{5}$

b) $(y \cdot 5 - 3) \cdot 2$

c) $(x + 1) \cdot (x - 1)$

6 Aus der Geometrie

Gib einen Term für den Oberflächeninhalt eines Quaders mit den Kantenlängen a, b, c an.
Berechne den Oberflächeninhalt für $a = 5$ cm; $b = 6$ cm; $c = 4,5$ cm.

7.2 Umformen von Termen

Was du schon können musst:

Du solltest mit rationalen Zahlen rechnen und das Distributivgesetz anwenden können.

Darum geht es

Terme lassen sich nach bestimmten Rechenregeln vereinfachen und zusammen-fassen. Hier erfährst du, wie das geht.

Gleichartige Terme

Terme, bei denen die gleiche(n) Variable(n) in der gleichen Potenz vorkommt bzw. vorkommen, heißen **gleichartige Terme**. Sie können bei Summen und Differenzen zusammengefasst werden.

Beispiele:

$x + x + x = 3x$

$2a^2 - 4a^2 = -2a^2$

$2xy + 3xy - 4xz + 7xz = 5xy + 3xz$

$y + 3 + 5y = 3 + 6y$

$2a + 3b + 3b - 4a = -2a + 6b$

TERME – LINEARE GLEICHUNGEN

> **Regel**
>
> In Produkten kann man gleiche Faktoren zu Potenzen zusammenfassen.
> Beispiele:
>
> $y \cdot y \cdot y \cdot y \cdot y = y^5$ $\qquad\qquad$ $2a \cdot 3a = 6a^2$
> $5x \cdot 2x^2 = 10x^3$ $\qquad\qquad$ $2a \cdot b \cdot 3b^2 \cdot a = 6a^2b^3$

> **Regel**
>
> Für Terme gilt das Distributivgesetz $a\,(b + c) = ab + ac$
> Beispiele:
>
> $3\,(x + 4) = 3x + 12$ $\qquad\qquad$ $-2\,(5 + z) = -10 - 2z$
> $7\,(x^2 - 0{,}5) = 7x^2 - 3{,}5$ $\qquad\qquad$ $-0{,}2\,(2x - y) = -0{,}4x + 0{,}2y$

1 Vereinfache die Terme.

a) $5x + 7y - 8x + 2y$

b) $3a + 4b + 2b - 3a$

c) $0{,}5y + 3z + 3{,}2y - 7{,}5z$

d) $0{,}4a + 0{,}3b - 0{,}2c + 0{,}3c - 0{,}2b - 0{,}3a$

e) $4x^2 + 3x^2 - 8 + 12$

f) $12x - 3x^2 + 24x^2 + 13x - 3x^2$

g) $\dfrac{3}{4}x + \dfrac{3}{4}x + \dfrac{3}{4} + \dfrac{1}{2}$

h) $\dfrac{1}{4}a + \dfrac{1}{2}b + \dfrac{1}{3}a - + \dfrac{2}{3}b$

2 a) $x \cdot x \cdot x \cdot x$

b) $x \cdot x \cdot y \cdot y$

c) $12x \cdot 4x$

d) $0{,}5x^2 \cdot 2x \cdot 3x$

e) $2{,}4\,u : (-6)$

f) $4a \cdot 2b \cdot 3a \cdot 0{,}25b$

g) $\dfrac{11}{12}x \cdot \dfrac{1}{2}y \cdot \dfrac{12}{12}x^2$

h) $0{,}25z \cdot \dfrac{1}{3}z \cdot (-1)x$

3 Löse die Klammern auf.

a) $(a + b) \cdot 3$

b) $2{,}5\,(3 - r)$

c) $0{,}5\,(3 - 0{,}2x)$

d) $a \cdot (2b + 3c)$

e) $\dfrac{1}{2}\left(x - \dfrac{1}{2}y\right)$

f) $(18y + 21z) : 3$

g) $0{,}3x\left(-\dfrac{1}{2}x^2 + \dfrac{1}{4}\right)$

h) $0{,}7r \cdot \left(2s + 4t - \dfrac{1}{2}v\right)$

4 Löse die Klammern auf und vereinfache dann.

a) $3x + 4\,(1 - x)$

b) $5\,(2 + 3x) + 0{,}5\,(8 - 2x)$

c) $2a - 2\,(2 + 4b) + 0{,}25\,(-8b + 20)$

d) $4x\,(x + 2) + x\,(3 - x)$

e) $0{,}3\,(a^2 + b) - 2a\,(a + 3) + b\,(0{,}5 + a)$

f) $\dfrac{1}{4} - \left(0{,}25 + \dfrac{1}{2}x\right) + 0{,}5x$

g) $\dfrac{1}{2}ab\,(a + b) - a^2b\left(2 - \dfrac{1}{4}b\right) + 5a^2b^2$

h) $(14z - 7) : 7 + 3{,}5z$

101

7 TERME – LINEARE GLEICHUNGEN

7.3 Lösen von linearen Gleichungen

7.3.1 Lösen von einfachen Gleichungen

Was du schon können musst:

Du solltest Terme vereinfachen und Zahlen in Terme einsetzen können.

Darum geht es

Viele Probleme in der Mathematik führen auf Gleichungen, die sich mit verschiedenen Methoden lösen lassen.

Du vereinfachst dabei die Gleichung durch Termumformung und formst die Gleichung mithilfe von Rechenoperationen um. Am Ende erhältst du eine Lösung bzw. eine Lösungsmenge.

Umformungen einer Gleichung, bei denen sich die Lösungsmenge nicht ändert, heißen **Äquivalenzumformungen.**

Wahr oder falsch?

Setze $x = 2$ in die folgende Gleichung ein und überprüfe, ob sich eine wahre oder falsche Aussage ergibt.

a) $3x = 6$ b) $-4{,}5x = -9$ c) $27x = 53$

d) $2x + 1 = 5$ e) $3x - 2 = 2$

Erlaubte Äquivalenzumformungen

▶ Termvereinfachungen
▶ Beidseitige Subtraktion oder Addition einer Zahl oder eines Terms
▶ Beidseitige Multiplikation oder Division mit einer Zahl ungleich Null

Beispiel: Du suchst nach einer Lösung für die dir unbekannte Zahl x in der Gleichung $8x + 7 - 3x = 32$.

Lösung:

1. $8x + 7 - 3x = 32$ Termvereinfachung durch Zusammenfassen
2. $5x + 7 = 32$ $| - 7$ (Auf beiden Seiten des Gleichheitszeichens wird 7 abgezogen.)
3. $5x = 25$ $| : 5$ (Auf beiden Seiten des Gleichheitszeichens wird durch 5 geteilt.)
4. $x = 5$
5. $L = \{5\}$ Die Lösungsmenge enthält in diesem Fall nur ein Element.

102

TERME – LINEARE GLEICHUNGEN

In diesem Beispiel findest du nacheinander die folgenden, wesentlichen Schritte:
- Termvereinfachung
- beidseitige Subtraktion
- beidseitige Division

So machst du die Probe:
Setze deine Lösung in die Ausgangsgleichung und rechne:
$8 \cdot 5 + 7 - 3 \cdot 5 = 32$
$40 + 7 - 15 = 32$
$32 = 32$
Auf beiden Seiten der Gleichung erhältst du den gleichen Wert, also hast du richtig gerechnet.

Info

Du kannst dir die Umformung einer Gleichung auch mithilfe einer Balkenwaage vorstellen.
Beispiel: $2x + 7 = 13$.

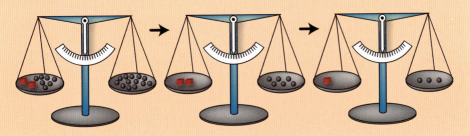

1. Schritt: Auf beiden Seiten werden 7 Gewichtseinheiten weggenommen.
2. Schritt: Auf beiden Seiten werden die Gewichte halbiert.

Rechnung:
$2x + 7 = 13 \qquad | -7$
$2x = 6 \qquad\qquad | :2$
$x = 3$
$L = \{3\}$

7 TERME – LINEARE GLEICHUNGEN

1 Löse mithilfe von Äquivalenzumformungen.

a) $9x = 27$ b) $3x - 2 = 13$ c) $8 + 3x = 11x$

d) $-4x = 3 - 5x$ e) $3y + 7 = 28$ f) $0{,}5z - 3 = 2z$

2 Löse die Gleichungen. Mach die Probe.

a) $\frac{1}{2}x + 2 = 3$ b) $3 - \frac{1}{2}x = 6$ c) $2x + 8 = \frac{2}{3}x$

d) $\frac{1}{2}x = 4 - \frac{1}{3}x$ e) $0{,}4x - 8 = 1{,}2x$ f) $0{,}5x - 2 = \frac{3}{4}x$

3 Bestimme die Lösungsmenge.

a) $4x + 3 = x - 3$ b) $3 - 2x = 6x + 2$

c) $3x + 2 = -17 + x + 19$ d) $-4x + 5 - 3x = 2$

e) $0{,}5x + 3{,}5 = 7{,}5 - 2{,}5x$ f) $-3 + 5x - 7 = 3 - 0{,}5x - 2{,}5x$

4 a) $5 - \frac{1}{2}x = 3 + \frac{1}{2}x$ b) $\frac{2}{5}x + \frac{1}{2} = \frac{1}{2}x + 2$

c) $\frac{x}{7} + 3 = -31 + \frac{2}{3}x$ d) $-\frac{1}{3}x + 2 - \frac{1}{3}x = \frac{3}{4} - 2x$

e) $0{,}2x + 3{,}25 = \frac{1}{2}x - 1{,}75$ f) $\frac{1}{3}x - 2\frac{1}{4} = -3{,}2 - 0{,}3x$

7.3.2 Lösen von Gleichungen mit Klammerausdrücken

Was du schon können musst:

Du solltest verschiedene Äquivalenzumformungen und Rechengesetze (insbesondere das Distributivgesetz) anwenden können.

Darum geht es

Du löst Klammern durch Anwendung des Distributivgesetzes auf, d. h., der Term wird durch „Ausmultiplizieren" vereinfacht. Anschließend löst du die Gleichung durch Äquivalenzumformungen.

Distributivgesetz

$a \cdot (b + c) = a \cdot b + a \cdot c$ (1)

$a \cdot (b - c) = a \cdot b - a \cdot c$ (2)

TERME – LINEARE GLEICHUNGEN

Steht ein negativer Faktor $-a$ vor der Klammer, kehren sich die Vorzeichen aus der Klammer um:

$$-a \cdot (b + c) = -a \cdot b - a \cdot c \qquad (3)$$

$$-a \cdot (b - c) = -a \cdot b + a \cdot c \qquad (4)$$

Beispiel:

$$8\,(2x + 7) = 6 - 3\,(x - 4)$$

Du suchst nach einer Lösung für die dir unbekannte Zahl x in einer Gleichung, in der ein Klammerausdruck vorkommt. Der jeweilige Klammerausdruck wird durch „Ausmultiplizieren" vereinfacht:

1. $8\,(2x + 7) = 6 - 3\,(x - 4)$ | Klammern auflösen
2. $8 \cdot 2x + 8 \cdot 7 = 6 - 3 \cdot x + 3 \cdot 4$
3. $16x + 56 = 6 - 3x + 12$
4. $16x + 56 = 18 - 3x$ | -18
5. $16x + 38 = -3x$ | $-16x$
6. $38 = -19x$ | $: (-19)$

     $x = -2$

     $L = \{-2\}$

Hier wird in der zweiten Zeile zweimal das Distributivgesetz angewendet:

Linke Seite   siehe oben (1)

Rechte Seite   siehe oben (4)

1 **Löse mithilfe von Äquivalenzumformungen.**

     a) $3\,(x + 2) = 9$ b) $4\,(x - 2) = 7 + x$

     c) $-12 + 2\,(x + 3) = 24$ d) $6\,(x - 3) = 5\,(x - 3)$

     e) $(x - 4) \cdot 3 = -2\,(x + 2{,}5)$ f) $-3\,(1{,}5x + 1) + 12 = (x + 2) \cdot 2{,}5$

2 **Bestimme die Lösungsmenge.**

     a) $\dfrac{3}{4}(x + 3) = 6$ b) $2 + 8\left(\dfrac{1}{4}x + 3\right) = 26$ c) $2\left(\dfrac{1}{2}x - \dfrac{3}{4}\right) = \dfrac{1}{3}(x + 2)$

     d) $2\left(1 - \dfrac{1}{2}x\right) = \left(x - \dfrac{1}{3}\right) \cdot 3$ e) $\dfrac{1}{5}(x - 2) = \dfrac{1}{4}\left(x - \dfrac{1}{4}\right)$ f) $0{,}5\left(2 - \dfrac{1}{2}x\right) = \dfrac{1}{4}(8 - 4x)$

3   a) $4 - 2 \cdot (x - 3) = 2 + 8\,(x - 1{,}5)$ b) $10x - (3 - 5x) = 3x + 9$

     c) $8x - (2x - 1) = 6 + 2\,(1 + 1{,}5x)$ d) $8 - (3x - 2) \cdot 4 = 2\,(x + 7) - (x + 2)$

4   a) $2{,}5x = 3 - \left(5 - \dfrac{1}{2}x\right)$ b) $\dfrac{1}{5} - 3\left(\dfrac{1}{2} - 0{,}5x\right) - x = -\dfrac{1}{4}$

     c) $\dfrac{1}{4}x - \dfrac{1}{2}\left(1 + \dfrac{1}{2}x\right) = \dfrac{3}{4} - \dfrac{1}{2}(x + 1)$ d) $\dfrac{1}{3}x - 0{,}25\left(2 - \dfrac{1}{2}x\right) = -\dfrac{1}{4}\left(2 + \dfrac{1}{2}x\right)$

7 TERME – LINEARE GLEICHUNGEN

7.3.3 Anzahl der Lösungen von linearen Gleichungen

Was du schon können musst:

Du solltest verschiedene Äquivalenzumformungen und Rechengesetze (Distributiv-gesetz) anwenden können.

Darum geht es

Die Lösungsmenge für eine lineare Gleichung muss nicht immer aus einem eindeutig bestimmten Wert bestehen. Es gibt auch andere Lösungsarten.

Regel

Es gibt für lineare Gleichungen drei Lösungsarten:
a) Die Gleichung hat eine eindeutig bestimmte Lösung.
b) Die Gleichung hat keine Lösung.
c) Die Gleichung hat unendlich viele Lösungen.

Beispiele

Beispiel I:
1. $4(2{,}5 - 2x) = -2(4x + 5)$ | Klammern auflösen
2. $4 \cdot 2{,}5 - 4 \cdot 2x = -2 \cdot 4x - 2 \cdot 5$
3. $10 - 8x = -8x - 10$ | $+ 8x$
4. $10 = -10$ Diese Aussage ist offensichtlich falsch. Schlussfol-
   $L = \{\ \}$ gerung für die Lösungsmenge: Es gibt keine Lösung.

Die Gleichung im Beispiel I hat keine Lösung.

Beispiel II:
1. $4 \cdot (3x - 1) + 5 = 12x + 1$ | Klammern auflösen
2. $4 \cdot 3x - 4 \cdot 1 + 5 = 12x + 1$
3. $12x - 4 + 5 = 12x + 1$
4. $12x + 1 = 12x = + 1$ | $- 1$
5. $12x = 12x$ Diese Aussage ist offensichtlich wahr.
   $L = \mathbb{Q}$ Sie gilt für jede rationale Zahl.

Die Gleichung im Beispiel II hat unendlich viele Lösungen. In diesem Fall sagt man auch: Die Gleichung ist allgemeingültig. Beispiele für eine eindeutige Lösung kennst du bereits aus den vorherigen Kapiteln.

106

TERME – LINEARE GLEICHUNGEN

1 **Bestimme die Lösungsmenge.**

a) $7x + 5x + 2 = 2x + 2 + 10x$

b) $2x + 9x + 2 = 8x + 4 + 3x$

c) $3(2x + 8) = -6x - 4$

d) $3x + 4 = 0,5(2,5x + 8)$

2 a) $-(x + 4) = 0,5(8 - 2x)$

b) $\frac{1}{2}(x + 2) - \frac{1}{4}x = \frac{3}{2} + \frac{1}{4}(x + 2)$

c) $\frac{5}{6}(x + 1) - \frac{1}{6} = 5 - \frac{1}{15}(x - 2)$

d) $\frac{5}{9}\left(x - \frac{3}{2}\right) - \frac{4}{9}(3 + x) = \frac{2}{3}\left(x + \frac{7}{4}\right)$

7.3.4 Anwendungsaufgaben

Was du schon können musst:

Du solltest verschiedene Formen linearer Gleichungen lösen können.

Darum geht es

Du stellst eine Gleichung nach den Vorgaben eines Sachtextes auf, die du mithilfe von Äquivalenzumformungen und der Anwendung der Rechengesetze löst.

Lösen von Sachaufgaben

1. Text aufmerksam durchlesen
2. Variable festlegen
3. Terme aufstellen
4. Gleichung notieren
5. Gleichung lösen
6. Antwortsatz formulieren

Beispiele:

(I) Bei einer Werbeaktion verschenkt eine Telefongesellschaft Prepaid-Karten für Handys. Eine Karte besitzt den Wert von 10 €. Wie viele Gesprächsminuten hat man, wenn ein Gespräch 0,49 € pro angefangener Minute kostet, und man zur Aktivierung der Karte ein Gespräch zum Preis von 1,49 € führen muss?

Lösung:

x: = Anzahl der Gespräche für 0,49 €

Term 1: 1,49 € + 0,49 € x

Term 2: 10 €

7 TERME – LINEARE GLEICHUNGEN

Gleichung:

$1,49 € + 0,49 € \, x = 10 €$ | $- 1,49 €$

$0,49 € \, x = 8,51 €$ | $: 0,49 €$

$x \approx 17,4$

Antwort: Mit der Prepaid-Karte kann man 17 Minuten telefonieren.

(II) Welche vier aufeinanderfolgende Zahlen haben die Summe 74?

Lösung:

x: = erste Zahl, $x + 1$: = zweite Zahl; $x + 2$: = dritte Zahl; $x + 3$: = vierte Zahl

Term 1: $x + x + 1 + x + 2 + x + 3$

Term 2: 74

Gleichung:

$x + x + 1 + x + 2 + x + 3 = 74$

$4x + 6 = 74$ | $- 6$

$4x = 68$ | $: 4$

$x = 17$

Antwort: Die erste Zahl lautet 17, die weiteren Zahlen sind 18, 19 und 20.

---

1 Ein Paket voll Dosen

Ein Paket soll insgesamt höchstens 10 kg wiegen. Verpackung und Karton wiegen 750 g.
Wie viele Dosen zu 250 g kann man höchstens in das Paket einpacken?

2 Der bessere Tarif

Die Grundgebühr des Handytarifs der Firma PhoneQuick beträgt monatlich 10 €. Das Telefonieren in alle Netze in Deutschland kostet 0,19 € pro Minute. Die Firma TalkMuch verlangt für die gleichen Leistungen eine Grundgebühr von 4,99 € und das Telefonieren in alle Netze kostet 0,29 €. Bei wie vielen Gesprächsminuten ergeben sich die gleichen Unkosten?

3 Zahlenrätsel

a) Die Summe von zwei aufeinanderfolgenden natürlichen Zahlen beträgt 43.
   Wie lauten die beiden Zahlen?

b) Zwei Zahlen haben die Summe 80. Die zweite Zahl ist um 16 größer als die erste.
   Wie lauten die beiden Zahlen?

4 Aus der Geometrie

Wie groß sind die jeweiligen Seitenlängen in den Figuren, wenn der Umfang 20 cm beträgt?

TERME – LINEARE GLEICHUNGEN

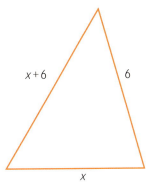
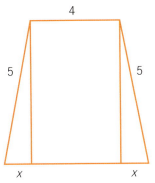

Test Kapitel 7

1 Löse folgende Gleichungen.
Gib die Lösungsmenge an (Grundmenge ℚ). |12|

a) $\frac{1}{2}x + 2 = 4$

b) $\frac{3}{4}x = \frac{5}{6} - \frac{1}{2}x$

c) $4(3x + 1) = 5x + 18$

d) $10x - (3 - 5x) = 3x + 9$

2 **Dreiecksfläche** |5|
Für die Fläche eines Dreiecks gilt die Formel: $A = \frac{g \cdot h}{2}$. Löse die Formel zuerst nach g auf. Berechne die Länge der Grundseite g, wenn $A = 9 \text{ cm}^2$ und $h = 12 \text{ cm}$ ist.

3 Bei einem Videorekorderverleih gibt es zwei Angebote: |8|
A: Einmalige Zahlung von 30 € und 2,50 € pro Leihtag.
B: Keine einmalige Zahlung und pro Leihtag 3 €.
Nach wie vielen Leihtagen kosten beide Angebote gleich viel?
Welches Angebot würdest du für vier Wochen wählen?

4 Die Summe von zwei aufeinanderfolgenden natürlichen Zahlen beträgt 335. |5|
Wie lauten die beiden Zahlen?

5 Bestimme die Anzahl der Lösungen und gib diese an. |9|

a) $4(2,5 - 2x) = -2(4x + 5)$

b) $4(2,5 - 2x) = -2(4x - 5)$

c) $4(2,5 - 2x) = -2(-4x + 5)$

|39|

Wie viele Punkte hast du? Erreichst du mehr als 31 Punkte, beherrschst du den Inhalt des Kapitels wirklich gut. Erreichst du weniger als 15 Punkte, dann solltest du dieses Kapitel wiederholen.

STICHWORTVERZEICHNIS

achsensymetrisches Trapez 63
Addition, rationale Zahlen 34 ff.
antiproportionale Zuordnungen 12 ff.
    Dreisatzrechnen 17 f.
    Hyperbel 12
    Quotientengleichheit 19
Äquivalenzumformungen, lineare
    Gleichungen 102 f.
arithmetisches Mittel 85
Außenwinkel, Dreieck 50
Ausmultiplizieren und Ausklammern 43

Baumdiagramme 91 ff.
    Pfadregeln 93
Betrag, rationale Zahlen 31

Distributivgesetz
Division 44
    Klammerausdrücke 104
    rationale Zahlen 43
    Terme 101
Division, rationale Zahlen 38 ff.
Dreieck
    besondere Linien 64 ff.
    Höhen 69 f.
    Inkreis 67
    Konstruktionen 51 ff.
    Umkreis 65
    Winkel 50 f.
Dreiecksungleichung 54 f.
Dreisatzrechnen
    antiproportionalen Zuordnungen 17 f.
    proportionalen Zuordnungen 15 f.

Figuren, Winkel an 45 ff.
Flächeninhalt
    Kreis und -ring 77

Gegenwahrscheinlichkeiten 95 f.
Gegenzahl, rationale Zahlen 32
Geradenkreuzungen
    Winkel an 46 f.
Geschwindigkeit 11
gleichartige Terme 100
Grundwert, Zinsrechnung 27

Häufigkeiten 82
    Kreis- und Säulendiagramm 83
Höhen, im Dreieck 69 f.
Hyperbel, antiproportionale Zuordnungen 12

Inkreis im Dreieck
    Mittelpunkt 67
    Radius 68
Innenwinkel, Dreieck 50

Klammerregeln, rationale Zahlen 43
Kongruenzsätze 52 ff.
    SSS 52 f.
    SSW 60 f.
    SWS 58 f.
    WSW 55 f.
Konstruktion
    Dreiecke 51 ff.
    Mittelsenkrechte im Dreieck 66
    Seitenhalbierende im Dreieck 68
    Tangente an den Kreis 73
    Vierecke 62 f.
    Winkelhalbierende im Dreieck 67 f.
Kreis
    Berechnungen 76 ff.
    Flächeninhalt 77
    und Gerade 72 f.
    Verhältnis von Umfang und Durchmesser 76
Kreisausschnitt und Kreisbogen 78
    Viertelkreise 79
Kreisdiagramm, Darstellung von Häufigkeiten 83
Kreisring, Flächeninhalt 77

Lagemaße, Statistiken 85
Laplace-Versuche 90
    lineare Gleichungen
    Anzahl der Lösungen 105
Lösen 102 ff.
    mit Klammerausdrücken 104 f.
    Sachaufgaben 107 f.

Median 85
Mehrwertsteuer, Zinsrechnung 27
metrische Skala 87
Mittelpunktswinkel, Viertelkreise 79
Mittelsenkrechte, Dreieck 66
Mittelwert, Statistiken 85
Modalwert 85
Monatszinsen 24 f.
Multiplikation, rationale Zahlen 38 ff.

Nebenwinkel
    Dreieck 50
    Geradenkreuzungen 46 f.
negative Zahlen 30
Nominalskala 87

STICHWORTVERZEICHNIS

Ordinalskala 87

Parallelen
    Stufen- und Wechselwinkel 48 f.
Parallelogramm 63
Passante 72
Produktgleichheit 19
proportionale Zuordnungen 8
    Dreisatzrechnen 15 f.
    Halbgerade 10
    Quotientengleichheit 19
    Weg-Zeit-Diagramm 10
Proportionalitätsfaktor 20
prozentuale Änderung 27 f.
Prozentwert, Zinsrechnung 27

Quotientengleichheit 19

Rangskala 87
rationale Zahlen
    Addition und Subtraktion 34 ff.
    Anordnung 30
    Betrag 31
    Multiplikation und Division 38 ff.
    negative Zahlen 30
Rechenausdrücke 42 ff.
    Zahlengerade und Zahlenstrahl 30
    Zahlenklammern 37

Sachaufgaben, lösen 107 f.
Säulendiagramm, Darstellung von Häufigkeiten 83
Scheitelwinkel, Geradenkreuzungen 46 f.
Schwerpunkt, Dreieck 68
Seitenhalbierende, Dreieck 68
Sekante 72
Spannweite
Statistiken 85
Statistiken
    Auswertung 84 f.
    Darstellung 82 f.
Skalen und Skalentypen 86 f.
Stochastik 88
Stufenwinkel, Parallelen 48 f.
Subtraktion, rationale Zahlen 34 ff.

Tageszinsen 24 f.
Tangente 72
    Konstruktion an den Kreis 73
Terme
    gleichartige 100
    lineare Gleichungen 98 ff.

    mit Variablen 98 f.
    Umformen 100 f.
Thaleskreis 74 f.

Umkreismittelpunkt, Dreieck 65

Vierecke
    achsensymetrisches Trapez 63
    Konstruktion 62 f.
    Parallelogramm 63
    Winkel 50 f.
Viertelkreise, Mittelpunktswinkel 79

Wahrscheinlichkeit 88 ff.
Wechselwinkel, Parallelen 48 f.
Weg-Zeit-Diagramm, proportionale
    Zuordnungen 10
Winkel
    an Figuren 45 ff.
    an Geraden 46 ff.
    im Thaleskreis 74
    in Dreieck und Viereck 50 f.
Winkelhalbierende, Dreieck 67 f.
Winkelsumme
    Dreieck und Viereck 50 f.

Zahlengerade
    Addieren rationaler Zahlen 34 f.
    Division rationaler Zahlen 41
    Multiplikation rationaler Zahlen 40
    Subtrahieren rationaler Zahlen 36
    und Zahlenstrahl 30
Zahlenklammern, Auflösen 38
Zentralwert, Statistiken 85
Zinsrechnung
    Monats- und Tageszinsen 24 f.
    prozentuale Änderung 27 f.
Zinssatz 25
Zufallsversuche
    Baumdiagramme 92
    Gegenwahrscheinlichkeiten 96
    geschicktes Abzählen und Rechnen 94 ff.
    Laplace-Versuche 90
    Reißnagelwerfen 89
Zuordnungen 6 f.
    antiproportionale 12
    Darstellungen 6 f.
    proportionale 8

VERZEICHNIS DER ZEICHEN UND ABKÜRZUNGEN

Bedeutung	Bezeichnung in diesem Buch	abweichende Bezeichnungen in anderen Büchern
Zuordnung zweier Größen	$x \rightarrow y$	
Proportionalitätsfaktor	q	
Zinsen in der Zeit t	Z_t	
Zinssatz	p	
Zeit	t	
Prozentwert	P	
Grundwert	G	
Menge rationaler Zahlen	$\mathbb{Q}$	
Menge ganzer Zahlen	$\mathbb{Z}$	
Betrag einer Zahl a	$\lvert a \rvert$	
Winkel alpha, beta, gamma, delta, epsilon	$\alpha, \beta, \gamma, \delta, \varepsilon$	
Winkeleinheit Grad	$^\circ$	
Gerade	g	
parallele Geraden g_1 und g_2	$g_1 \parallel g_2$	
(Eck-)Punkte in ebenen Figuren	$A, B, C, D \ldots; A', B', C', D', \ldots$	
Strecken (Seiten) in ebenen Figuren	$\overline{AB}, \overline{BC}, \overline{CD}$	
größere und kleinere Werte (Ungleichungen)	$a > b, b < a$	
Winkel zwischen den Seiten $\overline{AC}$ und $\overline{BC}$ eines Vielecks	$\sphericalangle\, ACB$	
Winkelhalbierende, Seitenhalbierende, Höhe im Dreieck	W_α, S_b, h_c	
Umkreismittelpunkt, Innkreismittelpunkt, Schwerpunkt eines Dreiecks	U, I, S	
Radius	r	
Punkt einer Figur	$A\,(0 \mid 5)$	$A\,(0;5)$
Kreisumfang	U	u
Kreisdurchmesser	D	
Flächeninhalt	A	
arithmetisches Mittel/Mittelwert	$\overline{x}$	
Wahrscheinlichkeit eines Laplace-Experiments	$P(E)$	
periodische Zahl (z. B. 0 Komma Periode 6)	$0,\overline{6} = 0,666\ldots$	
Ereignis und Gegenereignis	E und $\overline{E}$	
rationale Zahlen	a, b, c	
Variablen linearer Gleichungen	$a, b, c \ldots; x, y, z$	